Romano Guardini · Der Blick auf das Ganze

Romano Guardini

Der Blick auf das Ganze

Ausgewählte Texte zu Fragen der Zeit

Herausgegeben und erläutert
von Walter Dirks

Kösel-Verlag München

Hinweise

Die Ziffern in Klammern (1) ... (60) innerhalb der Einleitungen zu den sieben Abschnitten der Textauswahl weisen auf die angesprochenen Texte hin.

Die wenigen Anmerkungen in den Texten wurden weggelassen.

Die Überschriften stammen vom Lektor und Herausgeber, auch wo sie Formulierungen Guardinis übernehmen. Von Guardini wurden lediglich die Überschriften zu den Zitaten 44, 45, 46 und 58 direkt übernommen.

Eckige Klammer [...] bezeichnen Auslassungen im fortlaufenden Text oder Ergänzungen des Lektorats.

CIP-Kurztitelaufnahme der Deutschen Bibliothek

Guardini, Romano:
Der Blick auf das Ganze : ausgew. Texte zu
Fragen d. Zeit / Romano Guardini. Hrsg. u. erl.
von Walter Dirks. – München : Kösel, 1985.
  ISBN 3-466-10048-8

Textauswahl und Lektorat: Bogdan Snela
ISBN 3-466-10048-8
© 1985 by Kösel-Verlag GmbH & Co., München
Printed in Germany. Alle Rechte vorbehalten
Gesamtherstellung: Kösel, Kempten
Umschlag: Günther Oberhauser, München, unter Verwendung eines
Fotos von Ruth Schramm, München

Inhalt

6

Einleitung des Herausgebers

Das Lesebuch, das wir vorlegen, stellt in sieben Abschnitten, nach Themenbereichen geordnet, einige Dutzend durchweg kurzer Äußerungen aus den Schriften Romano Guardinis zusammen. Es könnte die Freunde des verehrungswürdigen Mannes an gründlichere Lese-Erfahrungen erinnern, andere und vor allem jüngere Menschen neugierig auf sie und ihren Verfasser machen, wieder anderen doch wenigstens Denkanstöße geben. Der legitime Anlaß ist – natürlich – ein Gedenktag: Romano Guardini ist am 17. Februar 1885 in Verona zur Welt gekommen.
Aber Pflichtübungen zum Geburtsjubiläum brauchen die Bücher über ihn, die in diesem Frühjahr 1985 erscheinen, keineswegs zu sein: Man darf und soll sich mit besserem Grund auf ihn einlassen. Anderseits ist nicht anzunehmen, daß der Schriftsteller, der in den Jahren der Weimarer Republik und – mit allmählich abnehmender Wirkung – nach der Katastrophe bis in die 60er Jahre vor allem einen Teil der katholischen Intelligenz fasziniert und viele anspruchsvolle Nichtkatholiken stark beeindruckt hat, durch eine Neuentdeckung noch einmal eine vergleichbare Wirkung haben wird. Hing die Bedeutung des Schriftstellers damals mit der offenen oder verborgenen Aktualität seines Weltbildentwurfes zusammen, so haben sich die Voraussetzungen inzwischen gründlich geändert; man wird ihn mit neuen Augen lesen, natürlich auch mit kritischen Augen. Auf ihn verzichten können wir auf die Dauer nicht. Es lohnt sich vor allem für den wachen Teil der christlichen Zeitgenossen, sich seines Werkes zu erinnern, es in das geistesgeschichtliche Bewußtsein aufzunehmen, von diesem Mann zu lernen, nachzudenken, indem man ihm nachdenkt, und weiterzudenken.
Davon bin ich überzeugt, wenn ich für dieses Guardini-Lesebuch als Herausgeber zeichne. Die selbstkritische Frage, ob ich dazu legitimiert bin, stelle ich ohne Koketterie. Ich habe für die

Anlage des Buches Anregungen gegeben, aber die Texte nicht selbst ausgesucht. Bogdan Snela im Haus Kösel hat die gewiß mühsame, aber reizvolle und produktive Arbeit geleistet; einer meiner Freunde hat ihm dabei geholfen. Mir blieb die Aufgabe, in diesem Vorwort Romano Guardini vor allem denen vorzustellen, die von ihm wenig wissen; vorzustellen sodann auch der Reihe nach die Texte, erläuternd, fragend, durchaus subjektiv. Ich bin weder ein spezieller Kenner Romano Guardinis noch im strengen Sinne sein Anhänger. Ich war ein Schüler Guardinis, aber kein Guardini-Schüler. Ich habe diesen großartigen stillen Mann bewundert und geliebt, bin ihm jedoch nicht in allem gefolgt. Im Dialog der Jugendbewegung hat er mich ganz entscheidend geprägt; in den Jahrzehnten danach haben wir lange in guter alter Freundschaft eher nebeneinander hergelebt; erst in den letzten Jahren seines Lebens haben wir uns wieder umeinander gekümmert. Meine tiefe Verehrung gilt dem lebendigen Menschen, der er gewesen ist, einem anregenden, mehr: einem wirkmächtigen Menschen. Sie kann nicht im gleichen Maße dem Sinn-Deuter und dem Schriftsteller gelten. Was als Element des lebendigen Gesprächs zwischen Menschen völlig überzeugend war, die ihm Auge in Auge gegenübersaßen, hat nicht immer denselben Glanz, wenn es gedruckt wird. Das weiß gerade der, der dem Künstler des Gesprächs viel zu danken hat.

Die so oft besprochene Gesamtausgabe, wenn sie eines guten Tages kommen sollte, wird ein erstaunlich vielfältiges Werk dokumentieren, ein Werk aus dem Glauben und seiner Begegnung mit der Welt.

Man wird Romano Guardini in seine Zeit einordnen müssen. Dabei wird er sich wohl als ein Kopf und mehr: als ein Mensch erweisen, der einen geistesgeschichtlichen Übergang klug und oft weise bedacht und mehr: empfunden hat. Es ist vor dem Hintergrund einer deutlichen Erinnerung an ein nicht gerade verklärtes, aber doch als maßgebend empfundenes Mittelalter der Übergang aus der Neuzeit, einer christlichen Zeit, in der sich in Stufen die Säkularisierung als ein vielfältiger und zum Teil radikaler Abschied vom Christentum vollzog, – der Übergang in die spätbürgerliche und »postmoderne« Zeit, in der wir heute leben. Es ist der Übergang aus einer Kultur, deren Weltlichkeit er gründlich verstand und ehrlich würdigte, deren Größe er pries, deren Gefährdung er entschieden kritisierte, der Übergang einer Zukunft entgegen, in die er uns mit eindrucksvollen Appellen hineinrief. Sie war in wenigen Umrissen erdacht, aber mit großer Empfindung erfüllt.

Romano Guardini war im Wort und im Leben ein glaubwürdiger, ein überzeugender Christ, einer, der uns unsere Kritik an der Kirche bestätigt und unsere Treue im Glauben bekräftigt hat. Er war aber auch, man wird es sich eingestehen müssen, ein geistvoller und sensibler Apologet des Katholizismus, den anderen christlichen Kirchen irenisch nahe, aber nicht eigentlich ein Ökumeniker. Es war ein nobler, ein offener, ein großräumiger Katholizismus, in dem er lebte; in ihm hat er viel von der reformatorischen Freiheit entdecken und entwickeln können, aber weit von Luther und Calvin entfernt, eher Erasmus nahe. Er hat gemeint, das große Abenteuer unserer Zeit im Grunde ohne Kant, ohne Hegel und Marx, ohne Freud, ohne Wittgenstein bestehen zu können.

Einmal hat er mir erklärt, er sei »unter die Fachleute gefallen«. Er sagte es lächelnd, – Selbstironie war ihm nicht fremd; aber der Satz drückte doch offenbar eine tiefe Enttäuschung aus. Romano Guardini litt darunter, daß er etwa für die Theologen zu pädagogisch, für die Pädagogen zu literarisch, für die Freunde der Dichtung zu dilettantisch – und offenbar für niemanden ernsthaft politisch war. Daß man seine Offenheit für die Politik verkennen könnte, hat ihn bekümmert, – er wollte nicht als Ästhet gelten. Dem eigentlichen Anspruch nach, der Idee und der Diktion nach war er zwar kein typischer, aber doch ein durchaus legitimer Mann des wissenschaftlichen Denkens, als Phänomenologe den Erscheinungen zugewandt und dennoch am Modell der Ordnung orientiert, aber die Fülle der Gegenstände dieses Deutens sprengte die bestehende Ordnung der universitären Wissenschaften. Seine Vielseitigkeit wird auch vielen heutigen jungen Lesern zu schaffen machen. Man will sich heute eher auf solide Fachleute stützen, – auf solche, versteht sich, die nicht borniert sind.

Ich bin sicher, daß er nicht widersprechen würde, wenn wir ihn einen großen »Dilettanten« nennen. Er würde in diesem Wort den produktiven Sinn des Dilettierens ausgedrückt finden: die Liebe. Sehr nahe an der Vorstellung des genauen Liebhabers Gottes, des Kosmos und der Menschenwelt sind wir, wenn wir Romano Guardini in einem stringenten Sinn einen »Gebildeten« nennen. Seine eigene Definition der Bildung hielt sich, wie mir scheint, vor allem an die lebendige »Gestalt« des Menschen, der den Prozeß der Bildung durchlaufen hat. Er grenzt den Begriff der Bildung deutlich gegen die Aufklärung ab, gegen das »Wissen« – er hätte es freilich durchaus verstanden, wenn man ihm die Bildung als eine besondere Art des Wissens etwa als »Existenzerhellung zur Existenzbewältigung« plausibel gemacht hätte.

Bedenkt man die Relevanz der Berufsausübung, so wird man erkennen, daß er selbst, ein katholischer Priester und Theologe, diese polare Vorstellung verwirklicht hat. Er hat seine eigene bedeutende berufliche Existenz wissenschaftlich und im lebendigen Vollzug erhellt, um in ihr mit gutem Gewissen verantwortlich leben zu können. Er hat darin beide Dimensionen des Bildungsprozesses erfüllt: er war als lebendige Gestalt ein, so wage ich es zu sagen, leuchtender Gebildeter, der anderseits eine bewundernswerte Fülle von Wissen und Erkenntnis in sich ausgebildet hatte. Seine entscheidende Wirkung war denn auch, so meine ich, die eines Hochgebildeten unter Gebildeten und unter solchen, die auf dem Weg zur Selbstbildung waren und sind. Ein gebildeter Bauer konnte mit ihm sprechen, weil er ein gebildeter Theologe war.

Was er gegen das Leben, sein Leben, unser Leben auf dem Herzen hatte, was ihn quälte, ihm zu schaffen machte, hat er als Autor nur gelegentlich angedeutet, so in seinen Äußerungen zur Schwermut. Im Gespräch dagegen – nicht nur im persönlichen, denn er konnte auch »im Kreis« sehr offen sein – hat er bisweilen aufbegehrt; er erwies sich dann als ein angefochtener Mensch, empfindlich nicht nur gegen die Härte des katholischen Systems, sondern kritisch-anfragend auch gegenüber dem unbegreiflichen Gott, zu dem er sich doch glaubend bekannte.

Einiges davon und im Grunde alles deutet der Titel dieses Lesebuchs an. Romano Guardini hat von Anfang an »auf das Ganze« geblickt, schon in seiner Dissertation über Bonaventura, den er als franziskanisch Liebenden ergänzend der dominikanisch denkenden Thomas-Schule gegenübergestellt hat, sowie in seinem frühen Buch über den »Gegensatz«, den er als die Struktur des Lebendig-Konkreten beschrieben hat, – dann alle Phasen seiner Studien und Überlegungen, Ausblicke und Einblicke hindurch. Das, so kann man hoffen, wird auch oder sogar gerade in der lockeren Reihe der einzelnen Äußerungen erkennbar, die quer durch die Kategorien hindurch, dazu ohne Rücksicht auf die Zeitfolge zusammengestellt worden sind.

Gerade für die Leser, die Guardini erst heute begegnen, ist wohl auch ein Wort über seine Sprache fällig. Mancher wird sich an vielen Stellen angesprochen fühlen, wenn Guardini ihn sozusagen bei der Hand nimmt: Wenn der Autor schreibt, wie er im Gespräch mit ihm sprechen würde. Andere sehen darin gerade eher eine Nähe, die ihnen nicht eben behagt: grob gesagt einen Mangel an Distanz. (Wir ahnen sie als Erweis des Vertrauens.) Unter den Manierismen Guardinis wird dem heutigen Leser eine Neigung zum Konjunktiv auffallen. Gerade junge Menschen unserer Zeit werden diese Sprache nicht ohne weiteres goutieren. Man kann aber weder ihre Vorzüge noch ihre Schwächen richtig verstehen, wenn man sich nicht vergegenwärtigt, daß sich der deutsche Italiener in bewußter Arbeit seine eigene Sprache geschaffen hat.

Vielleicht schulde ich gerade diesen jungen Lesern doch auch noch eine Skizze des Lebens Romano Guardinis, wenigstens einen sehr kurzen Abriß. Daß das Italienerkind ein Deutscher geworden ist, ohne aufzuhören, ein Italiener zu sein, verdankt er dem Beruf seines Vaters, der von 1886 an als italienischer Generalkonsul in Mainz gelebt hat. Daß der junge Guardini als 30jähriger Priester im Jahre 1915, als Italien dem Reich den

Krieg erklärt hatte, für das neue Vaterland votierte, gründete sich auf die geistigen Erfahrungen, die er als Gymnasiast und Theologiestudent, auch als Freund unter Freunden in Deutschland gemacht hatte, 1916 wurde er als Sanitäter ein deutscher Soldat. Seine entschiedene Neigung zur Pädagogik und Jugendbildung ließ ihn an dem Gymnasium, an dem er früher studiert hatte, eine neuartige Jugendgruppe leiten, mit der er sich, als er die Quickborn-Burg Rothenfels kennenlernte, der katholischen Jugendbewegung anschloß, die in ihm einen höchst lebendigen Mittelpunkt hatte. Der italienische Priester hat den deutschen Jugendbund aufs stärkste beeinflußt; er ist aber auch, wie er durchaus wußte und oft festgestellt hat, selber von ihm beeinflußt worden. Es war ein beeindruckender Vorgang, in dem reifen Mann einen Menschen zu entdecken, der sich von der Jugend selbst prägen ließ. Durch Romano Guardini wurde der Rittersaal der Bundesburg zu einem sehr frühen Ort der »liturgischen Bewegung«, deren bedeutendster Kopf er in Deutschland wurde, – einer der Vorläufer der Reformer des Zweiten Vatikanischen Konzils. Einige von den vielen Gestalten der Geschichte, mit denen er sich besonders befaßt hat: selbstverständlich Jesus (»Der Herr«), dann Sokrates und Plato, Dante, Pascal, Hölderlin, Dostojewskij, Nietzsche, Rilke ... (Freunde seines Lebens: die Pfarrer Karl Neundörfer in Mainz und Joseph Weiger in Mooshausen im Allgäu.) Als wissenschaftlicher Theologe hat Guardini in Bonn, in Berlin (bis zu seiner Zwangspensionierung durch die Nazi 1939), in Tübingen und München gelehrt. In München hat er dann auch nach seiner Emeritierung gelebt; im Jahre 1968 ist er im Alter von 83 Jahren gestorben. Er liegt an der Mauer der Kirche der »Oratorianer« begraben, einer neuartigen Lebensgemeinschaft von Weltpriestern, deren Bildung in München er angeregt hatte.

Ich empfinde es als bezeichnend, daß der von seinen Studenten verehrte alte Mann für seine Abschiedsvorlesung das Thema »Ironie« gewählt hat: die Gestalt des Sokrates war ihm nahe, Männer wie Erasmus waren es, Philipp Neri, Henry Newman; sein Gesicht ähnelte dem Erasmus-Porträt von Holbein. Das akademische Gespräch mit seinen Studenten war Romano Guardini zeit seines Lebens lieb und wichtig.

Vor seinem gedruckten Werk kapituliere ich an dieser Stelle. Seine Bibliographie ist in einem 466 Seiten starken Quartband gedruckt, die Primärbibliographie nennt 1849 Nummern. Unter den vielen Ehrungen sind die Mitgliedschaft in der Friedensklasse des Ordens »Pour le mérite« und der Friedenspreis des deutschen Buchhandels zu nennen. Ja, ein Mann des Friedens ist er gewesen, ein Mann des Gesprächs, ein Genie der Freundschaft, ein großer und exemplarischer Mensch.

Wittnau bei Freiburg, Januar 1985   *Walter Dirks*

I Welt und Umwelt

*Der Abschnitt der Guardini-Zitate, die unter dem Stichwort
»Welt und Umwelt« zusammengefaßt wurden, darf gut und
freundlich beim Kind und bei dem Heiligen Franz beginnen (1);
er schließt mit einem Bekenntnis zu Teilhard de Chardin (7).
Beide Male geht es um die »Welt«, die Romano Guardini dem
Christen immer wieder ans Herz legt: weil sie von Gott geliebt
ist. Das Bekenntnis zu Teilhard de Chardin und damit zum
evolutionären Prozeß war Romano Guardini schon früher durch
Hedwig Conrad-Martius nahegebracht worden.*

*Das Kapitel über die »Weltanschauung« (2) empfinde ich als
problematisch. Es war verständlich, daß Romano Guardini, als
er 1923 den für ihn geschaffenen Lehrstuhl »für katholische Weltanschauung« annahm, dem fragwürdigen modischen Begriff
einen plausiblen Sinn zu geben versucht hat. Aber es gibt keine
»katholische Weltanschauung«; weder die glaubende Christenheit noch die verfaßte Kirche können auf eine Weltanschauung
festgelegt werden: In ihrem Bereich sind viele Weltanschauun-
gen vertreten worden. Mit den folgenden Zitaten 3 bis 5 ist
Romano Guardini wieder in der ihm eigenen Vorstellungswelt:
bei einer Unterscheidung des Christlichen, die ein entschie-
denes Ja zur Welt (4) voraussetzt: »Was ich suchte, war die
Welt« (3).*

*Die »Verantwortung für die Umwelt« (5) hat Romano Guardini
lange vor der Entdeckung des Umweltschutzes erkannt. Wer sich
vollends über den Titel »Die Grenze des Wachstums« (6) wundert, der auf die berühmte Arbeit des Club of Rome anspielt,
sollte wissen, daß Romano Guardini diese Grenze schon Jahrzehnte vor den Grünen klar ausgesprochen hat. Um 1928 kann es
gewesen sein, vielleicht schon einige Jahre früher, als er mir in
einem Gespräch klarmachte, daß die Fortschrittsparole der
Neuzeit (»immer weiter voran«) auf der endlichen Welt unwei-*

15

gerlich an ihre Grenzen stoßen müsse: Das kommende Jahrhundert werde sie durch den Willen ersetzen müssen, »sich miteinander einzurichten«*. Unter dem Zeichen der Grenzen des Wachstums stehen denn auch die politischen Vorstellungen Romano Guardinis, wie sie vor allem in den Zitaten des dritten Teils dokumentiert sind.

1 Franziskus: Mit Gott auch die Dinge lieben

Haben wir schon einmal gesehen, wie ein Kind mit den Dingen umgeht? Ein richtiges Kind? Die Dinge leben um es her. Wenn das Kind die Dinge in seinen Blick nimmt, in sein Herz, in seine Hände, dann gewinnen sie darin ein wundersam gelöstes Leben. Sie bedeuten da viel mehr, als mit uns Erwachsenen. Sie haben eine ganz andere Tiefe. Etwas Hintergründiges tritt heraus und spielt frei. Sie trauen sich gleichsam. Eine sonst verborgene Gestalt erscheint und ist das Eigentliche. Sie reden; sie stehen im Du und Du miteinander und mit dem Menschenkinde; sie werden ganz anders freundlich und lockend und stark und gefährlich ...
Dann aber wird das Kind älter, und alles versinkt. Es wird erwachsen, wird vernünftig, will die Dinge gebrauchen, beherrschen, genießen – da verlieren sie jenes freie Leben. Sie fallen in Fesseln. Sie werden stumm. Sie werden dünn, eintönig. Nur in manchen Stunden steigt das Geheimnis noch empor; im Frühling etwa, wenn alles drängt, oder in der webenden dunklen Nacht. Aber es ist nur flüchtige Welle, kurzer Hauch, und bald zerronnen ...
Dann aber sehen wir Gestalten, um die scheint etwas Ähnliches wieder zu erwachen; aber höher, anders hoch, rein und heilig. Franziskus war ein solcher. Wenn der »Blütenkranz« berichtet, wie er die Fische ruft und ihnen predigt; wie er zu den Vögeln von

---

* Ich habe in dem Buch »War ich ein linker Spinner?« (Kösel-Verlag, München 1983) darüber berichtet (S. 18/19).

der Herrlichkeit Gottes redet; wie der Wolf von Gubbio ihn hört und seinem mahnenden Wort gehorcht – so sind das Legenden, gewiß; aber daß man um einen Menschen solche Legenden spinnen kann, bedeutet etwas. Es sagt: Dieser Franz von Assisi ist Einer gewesen, um den die Dinge anders waren, als bei den Menschen sonst. In seiner Nähe haben sie ein neues Wesen bekommen. Sie haben sich aus einer Stummheit gelöst; Fesseln sind abgefallen; Verkümmerung ist aufgeblüht, und sie wurden schön, weit, frei, edel. Aber mehr noch: Etwas ganz Neues ist in ihnen erwacht. Nicht ein Märchen, sondern ein Wunder. Doch »Wunder« nicht als Mirakel, sondern so, daß in der Nähe dieses wahrhaften Kindes Gottes und seiner hervordrängenden seligen »Herrlichkeit« etwas in sie kam von anderswoher, aus Gott – und dieses Andere war doch das, worauf sie harrten, sehnsüchtig und schmerzvoll; worin ihr Innerstes sich erfüllen, worin sie erst ganz sie selbst werden konnten ... Das haben die Menschen gefühlt; und so haben sie, um das auszudrücken, eine solche Legende um Franziskus gesponnen. Was Paulus meint, hat hier angefangen zu sein: »Denn die Schöpfung war der Vergänglichkeit unterworfen; nicht freiwillig, sondern um Dessentwillen, der sie unterwarf; auf Hoffnung, dahin, daß auch sie, die Schöpfung, von dem Dienste der Verwesung soll befreit werden zur Freiheit der Herrlichkeit der Kinder Gottes.« [Röm 8,20 f.] Diese Herrlichkeit der Kinder Gottes hat angefangen offenbar zu werden in Franziskus und um ihn her. In seiner Nähe hat die Welt begonnen, selig zu werden. In seinen Augen, und in seinem Herzen, und in seinen Händen haben die Dinge begonnen, anders zu werden, als sonst ... Das ist ein großes, verheißendes Geheimnis.

Und wenn wir nun das letzte Buch der Schrift aufschlagen, die Apokalypse, das Buch der geheimen Offenbarung, so redet [dieses Buch] einmal von der Bedrängnis des heiligen Lebens, das von Gott kommt, und von seinen letzten Kämpfen; zugleich aber von der Herrlichkeit, die von Gott her aus aller Schöpfung ausstrahlen wird. Die ganze Apokalypse ist voll von einem tiefen Geheimnis der Liebe Gottes, nicht nur zum Menschen, sondern auch zu den Dingen.

Wir müssen das rein verstehen. Es ist etwas aus dem innersten Herzen des christlichen Glaubens, daß Gott auch die Dinge liebt. Die Sonne, die Sterne, die Bäume, die endlichen Dinge alle. Sie alle, die stumm sind, und keine Seele haben, wie wir: Gott liebt sie, und liebt sie besonders.

Aus: Vom lebendigen Gott, 1930, 126–129

2 Weltanschauung und Weltbejahung

Jener Akt, der das Welthafte in jener eigentümlichen, eben Weltanschauung schaffenden Weise erfaßt, ist selbst nicht Wissenschaft, sondern Leben. Jener Blick ist ein Akt des schauenden Menschenganzen. Der ganze Mensch steht darin, freilich in einer besonderen, eben der schauenden Haltung. Der »Blick« ist nicht Wissenschaft; aber es ist eine Wissenschaft von ihm möglich. Wissenschaft beginnt, sobald der Verstand in geordneter Weise, feststellend, vergleichend, auflösend und verknüpfend, in Begriffen, Urteilen und Urteilsketten eine Gegebenheit verarbeitet. Diese Gegebenheit ist immer ein Wahrnehmen, Aufnehmen, Schauen, bzw. dessen Inhalt. D. h. also Akt und Akt-Inhalt des lebendigen Menschen, z. B. Naturwahrnehmung, geschichtliche Gestaltschau u. a. Er selbst ist nicht Wissenschaft. Diese entsteht erst dadurch, daß der schauende, gebende Akt, dessen Inhalt bewußt und in geordneter Weise erfaßt wird.
In unserem Falle ist gegeben der weltschauende Blick und das, was er sieht. Weltanschauungslehre als Wissenschaft aber ist die methodische, geordnete Behandlung des weltschauenden Blickes, seiner besonderen Struktur, seiner Voraussetzungen und kritischen Maßstäbe seiner Inhalte und deren Beziehung zu den übrigen Erkenntnissen.
Noch sind wir nicht am Ende. Der Weltanschauungsblick gehört zu den wesentlichen Erkenntnishaltungen des Menschen. Trotz-

dem kann er nicht ohne weiteres vollzogen werden. Um jenen Blick auf das Ganze des Dinges zu tun, bedarf es des Abstandes. (Das gilt nicht nur von der Weltgesamtheit, sondern auch von jedem einzelnen Dinge in seiner welthaften Gestalt.) Eines Abstandes, weit genug, daß diese Ganzheit zu Gesicht komme. Es bedarf weiter der Offenheit für das Besondere, der Hellhörigkeit für den Eigenton des Gegenstandes, des Verbindlichkeitsbewußtseins, das der lebendig-einmaligen Gestalt und Situation Stand hält. Bedarf endlich der Bereitschaft für die gestellte Aufgabe.

Eine große Bejahung der Welt ist also gefordert. Eine Liebe, die deren ganzem Sein offen steht. Und zugleich eine Freiheit von der Welt, die Überschau und Wertung möglich macht. Damit Weltanschauung zustande komme, muß der Schauende die Welt umfassen, ja durchdringen, zugleich aber von ihr frei sein. Weltanschauung setzt Weltüberwindung voraus. Die wäre aber nur von einem Standpunkt aus möglich, der über der Welt liegt, über allem, was irgendwie natürlich gegeben sein kann. Er könnte nicht etwa dadurch erreicht werden, daß ich mich räumlich oder zeitlich vom Gegenstand entfernte, denn damit bliebe ich doch immer in der Welt. Auch nicht so, daß ich mich logisch vom Gegenstand entfernte und immer weiter ins Abstrakt-Allgemeine aufstiege; auch damit würde ich immer noch in der Welt sein. Ein Standpunkt »außer« der Welt könnte nur darin bestehen, daß etwas schlechthin Überweltliches sich innerhalb des Gegebenheitsbereiches erhöbe. Das wäre der Welt gegenüber andersartig, und darin läge seine heraushebende, befreiende Bedeutung. Und zwar müßte es »anders« nicht etwa nur dem Maße nach sein, also nach Größe, Kraft, Lebensfülle, sondern qualitativ, wesenhaft. Erst ein so beschaffenes Anders-Artiges könnte vom So-Artigen frei machen. Und zwar dann, wenn es solcherweise in meinen Seinsbereich einträte, daß ich mich »darauf stellen«, es zum Ausgangspunkt meines Denkens, Wertens, Handelns machen könnte. Jetzt wäre eine Haltung möglich geworden, die ihren geistigen Stützpunkt »außerhalb« der Welt hat, und von da aus sich auf die Welt richtet. Der Bann der So-

Artigkeit wäre gebrochen; auf einem Anders-Artigen stehend, würde ich die Welt nun erst »rund« sehen, hätte einen Abstand für die Überschau und einen Maßstab der Beurteilung.

Aber: Solche Anders-Artigkeit dürfte wieder nicht das einzige Merkmal im Verhältnis jenes Über-Weltlichen zur Welt sein. Sonst könnte ich, der ich ja zur Welt gehöre, kein Verhältnis zu diesem völlig Fremden gewinnen. Ein völlig Fremdes würde mir auch die Welt, das Natürlich-Gegebene nicht sichtbarer machen; es bliebe, diesem gegenüber, nur negativ. Jenes Über-Weltliche müßte wohl der Welt gegenüber »anders« sein, aber nicht nur anders. Es müßte zur Welt auch ein positives Verhältnis haben; und zwar ein ganz positives, ein erfüllendes. Es müßte in seinem Seinsbestand »supereminenter«, wie die Scholastik sagt, in höherer Fülle und Reinheit die positiven Seins- und Wertgehalte der Welt befassen. Dann würde es, als Standpunkt, den darauf Stehenden zu wirklicher »Begegnung« mit der Welt frei machen, zu wahrem »Du-Sagen«. Frei zu klarer Rund- und Über-Schau, zu unbestochener Wertung.

Das ist der Punkt, wo die Tatsache der Offenbarung in die Welterkenntnis eintritt. Was soeben gesagt wurde, hat als theoretische Forderung den Tatbestand ausgesprochen, wie er durch das Ereignis der Offenbarung wirklich gegeben ist. Und zwar rede ich von der geschichtlichen, übernatürlichen Offenbarung.

Aus: Vom Wesen katholischer Weltanschauung, 1953, 20–23

3 Was ich suchte, war »die Welt«

[Es] ist mir klar geworden, was christliche Weltanschauungslehre besagt: die beständige, sozusagen methodische Begegnung zwischen dem Glauben und der Welt. Und nicht nur der Welt im Allgemeinen, so, wie das auch die Theologie in verschiedenen Fragestellungen tut, sondern im Konkreten: der Kultur und ihren

Erscheinungen, der Geschichte, des Soziallebens und so fort. Besonders wichtig ist mir die Dichtung geworden.

So sind meine Bücher über Gestalten der Geistes- und Literaturgeschichte, von Platon über Dante und Pascal zu Hölderlin, Mörike und Rilke entstanden, die weder Literaturwissenschaft noch Theologie sein wollen, sondern Begegnung, Blick vom Einen auf das Andere.

Innerhalb meiner geistigen Arbeit hat sich so wiederholt, was in meiner persönlichen Lebensgeschichte geschehen war: daß ich Eines verließ, um zu etwas Anderem zu gehen; das Erste aber nicht aufgeben konnte und daher gezwungen war, eine Einheit zu suchen, in der Beides verbunden war. Was ich hier verließ, war die systematische Theologie; was ich suchte, war »die Welt«. Das Erste durfte aber nicht verlassen werden; so entstand die Einheit jenes Blickes, der vom Glauben her die lebendige Wirklichkeit der Welt erfaßt.

Wenn »Existenz« etwas meint, dann auf jeden Fall Einheit; die Tatsache, daß das Viele, was ein Mensch ist und kann und hat, was er tut und was an ihn kommt, die beständige Wechsel-Interpretation von Selbst und Welt in jedem Augenblick der Begegnung – daß die unheimliche Vielheit von alledem zusammengefaßt sei durch die Bildkraft der Individualität, und, tiefer noch, durch die Verantwortungskraft der Person. So darf es nicht sein, daß der Mensch die Welt erfahre und dann noch, außerdem, gläubig sei; ebensowenig aber, daß er glaube, und die Welt nur nebenher als nun einmal nicht erläßliches Realisationsfeld des Gläubigseins sehe. Sondern es soll Begegnung geschehen, des Gläubigseins, wie es in diesem bestimmten Menschen lebt, mit der Welt, wie sie jeweils auf ihn zukommt. In dieser Begegnung soll der Glaube Rede und Antwort stehen; Kräfte der Wahrheit aktuieren, die sonst geschlafen hätten – ebenso wie umgekehrt die Welt sich im Raum des Glaubens den entscheidenden Fragen stellen und die letzte Aufhellung erfahren soll.

Aus: Stationen und Rückblicke, 1965, 20f.

4 Die Christen und die Welt

Mit dem Beginn der Neuzeit setzt jener Prozeß ein, den wir die »Säkularisierung des Christentums« nennen. Er besteht darin, daß die aus der Offenbarung hervorgehenden Begriffe von Gott, von der Schöpfung und der Schuld des Menschen, der Erlösung und dem Heil unbestimmt werden. Der eigentliche, übernatürliche Charakter des Gemeinten geht verloren und natürliche Analogien bekommen das Übergewicht. Etwa tritt an die Stelle der echten Erlösung die fortschreitende Besserung der kulturellen Verhältnisse; an die Stelle der Gnade das subjektive Erlebnis; an die Stelle der Auferstehung und des ewigen Lebens ein irdischer Idealzustand.

Heute dringt aber die Einsicht durch, daß ein solches verflüchtigtes Christentum nicht lohnt. Das schien der Fall zu sein, solange die kulturelle Weltführung in der Hand des Relativismus und Liberalismus lag und der Atheismus noch erst den Charakter eines individuellen Freidenkertums hatte. Seit einigen Jahrzehnten ist dieser aber in seine aggressive Phase getreten und hat sich mit stärksten politischen Mächten verbunden. Der Wille, nicht nur das Christentum, sondern jede Religiosität überhaupt zu zerstören, ist zu einem politischen Faktor von höchster Potenz herangewachsen. So wird es deutlich, daß nur ein aus den echten Voraussetzungen erwachsendes christliches Bewußtsein gegen ihn bestehen kann. [...]

Als ich mich in manchen Kultur- und Wissensbereichen umgesehen hatte und mit dem Studium der Theologie begann, war meine entscheidende Einsicht die, daß – wie oben gesagt – eine halbe Christlichkeit nicht lohne; dafür ist der geforderte Einsatz zu groß. Das klingt vielleicht sonderbar; denn dem weithin angenommenen Urteil nach sind Christentum, Kirche, Dogma ja Unfreiheit schlechthin. Ich habe eingesehen, daß die Grund-Unfreiheit die Bindung durch die eigenen psychologischen und sonstigen Strukturen ist. Gerade von ihnen befreit aber die Offenbarung. Sie ist ja Erlösung und wirkt diese, indem sie dem Glaubenden »eine Höhe über sich selbst gibt«. Diese Einsicht hat sich mir durch nun mehr als fünfzig Jahre hin bestätigt, während derer ich keinem Problem aus dem Wege gegangen bin. Dogmen sind die Koordinaten der existentiellen Freiheit. Soweit diese persönliche Zwischenbemerkung.

Aber auch etwas anderes macht deutlich, wie gefährlich eine halb dualistische Einschätzung der Welt ist. So lange das allgemeine Bewußtsein gläubig war und die Kraft hatte, die Welt zu ordnen, konnten die dualistischen Strömungen asketische Bedeutung haben und als Wille zur bedingungslosen Hingabe an Gott verstanden werden. Heute scheint es aber darum zu gehen, daß die Welt deutlich als das erkannt werde, was sie ist: Werk Gottes; als solches, wie der Schöpfungsbericht der Genesis siebenmal sagt, gut und sehr gut, von Ihm geliebt und dem Menschen anvertraut (Gen 1,3–31).

So muß etwas erwachen, das in einer eigentümlichen Sorglosigkeit des Glaubens lange Zeit hindurch vernachlässigt worden ist: eine Verantwortung gerade des gläubigen Menschen für die Welt. Er darf sie nicht mehr nur als den Raum ansehen, in dem er sich »vor der Sünde hüten« und in einem abstrakten Sinne »seine Pflicht tun« solle, sondern muß erkennen, daß er christlich gerufen ist, sie als Welt in ihrem Wesen und Wert zu »bebauen und zu bewahren« (Gen 2,15).

Das um so mehr, als immer klarer wird, in welch ungeheuerliche Gefahr die Welt durch den Titanismus unserer Zeit kommt. Der Besitz der Welt, die Möglichkeit, sie nach eigenem Willen zu gestalten, wurde stets als Aufgabe wie als Versuchung zur Hybris empfunden; sie blieb aber in der Hut von Ordnungen, die der Mensch nicht aufzuheben vermochte. Sein Tun bestand darin, daß er mit den unmittelbaren Kräften seines Wesens an ihren unmittelbaren Gegebenheiten arbeitete, in ihre Grundelemente vermochte er nicht einzudringen. Eben das ist aber nun geschehen. Wissenschaft und Technik sind wirklich imstande, die Substanz der Welt – nennen wir sie so, wie sie heißt, wo sie uns in die Hand gegeben ist: die Erde – anzugreifen. Die Wirkungen, die sie auszuüben vermögen, sind so groß, daß es fortan um das menschliche Dasein einfachhin geht. Es war von einem »Versäumnis« der Glaubenden der Welt gegenüber die Rede; doch das Wort genügt nicht. Wir müssen einsehen, daß es sich um eine wirkliche Schuld handelt. Der Christ hat die Welt weithin ihr selbst – das heißt aber, dem Unglauben und seinem Herrschaftswillen überlassen. Doch ist der ungläubige Mensch nicht imstande, die Erde richtig zu verwalten. Es ist eine gefährliche Selbsttäuschung, wenn der Fortschrittsglaube unserer Zeit das meint. Die Logik der wissenschaftlich-technischen und politischen Machtentwicklung drängt ihn in eine Gefahrenzone, wo der Untergang möglich wird. Kräfte aber, die stark genug wären, die eigene Macht in Ordnung zu halten, kommen weder aus der Wissenschaft noch aus der Technik selbst. Sie kommen aber auch nicht aus einer autonomen Ethik des Einzelnen, noch aus einer souveränen Weisheit des Staates. Daß der hochentwickelte Einzelne nicht fähig sei, der anonymen kulturellen Entwicklung Herr zu werden, scheint durch den Gang der Geschichte erwiesen. So erwartet die über die Erde gehende totalistische Bewegung alles Heil vom Staat. Sie schreibt ihm eine absolute Weisheit und ordnende Kraft zu. Die kommenden Jahrzehnte werden aber zeigen, daß der Staat den Impulsen der menschlichen Natur und den Konsequenzen der objektiven Kultur gegenüber im wesentlichen nicht mehr vermag als der Einzelne. Die wirklich rettenden Möglichkeiten liegen im Gewissen des Menschen, der lebendig mit Gott verbunden ist. So wird – wie der Unglaube – auch der Glaube zu einem geschichtsentscheidenden Faktor. [...]

Es wird deutlich, daß der Begriff der Liebe Gottes nicht bloß – wie die vom Rationalismus beeinflußte Theologie tut – vom Wohlwollen und der Fürsorge her gedacht werden kann, sondern die jeder natürlichen Induktion unerreichbare Tatsache einer Gesinnung meint, kraft welcher Gott die Welt »im Ernst« liebt; sich die Welt so wichtig werden läßt, daß Er sich mit dem Geschöpf in personaler Einheit verbindet.

So ist der Christ gerufen, mit dieser Intention Gottes ins Einvernehmen zu treten. Die Situation der Gesamtgeschichte, das Stadium, in das die Macht des Menschen und deren Möglichkeiten der Zerstörung getreten sind, zwingt den Christen, sein

Verhältnis zur Welt einer genauen Prüfung zu unterziehen. Bisher hat das christliche Ethos Aufgaben »in« der Welt erkannt, positive und negative; nicht aber – oder doch nicht deutlich genug – ist ihm klar geworden, daß ihm die Welt als solche zur Aufgabe gesetzt, in seine Verantwortung gegeben ist, das Werk Gottes zu retten hat, daß die Macht des Menschen in die Hand der Hybris und Torheit komme und das Leben auf der Erde zerstöre. Der Mensch darf die sittliche Verpflichtung nicht nur so auffassen, daß er sagt: Ich soll mich vor der Sünde hüten, sondern: Ich soll dafür sorgen, daß es mit der Welt richtig werde.

Es ist aber wirklich so, daß unsere Kultur nicht richtig geführt wird – ja es ist sehr die Frage, ob sie im Grunde überhaupt »geführt« wird. Sicher einzelne Gebiete, z. B. die Entwicklung bestimmter technischer Probleme oder die Organisation irgendeines Verwaltungszweigs, doch nicht das Ganze. Gerade auf das kommt es aber an. Wenn man sich fragt, wie man die heutige Situation des Menschenwerkes bezeichnen soll, so muß man wohl, glaube ich, sagen: Es geht um das Ganze – wirklich und buchstäblich um dieses: um das Feld der Erde als dem Ganzen des Raumes und um die Beziehung der Völker zueinander als dem Ganzen der Menschheit. Es gibt keine abgekapselten Gebiete mehr. Was an irgendeinem Orte geschieht, greift über kurz oder lang in alle anderen über; was in einem Bereich der Kulturarbeit vor sich geht, wirkt in alle hinein. Wenn ich nicht irre, war es Georg Simmel, der als soziologisches Gesetz den Gedanken aussprach: In einem gegebenen Lebensgebiet werden die darin bestehenden Gegensätze in dem Maße überwunden und es entsteht eine Einheit, als ein Randdruck von außen her wirksam wird. So ist es interessant zu sehen, daß die Erde als Gesamtfeld des Menschenwerkes und die Menschheit als dessen Träger in dem Augenblick ins Bewußtsein treten, als die Umgebung der Erde, der Weltraum nicht mehr nur der Ausblick des Erdbewohners ist, sondern ernsthaft als Raum menschlicher Betätigung ins Blickfeld kommt.

So wird eine dieser Situation entsprechende neue Haltung nötig, die ich »kulturelle Regierungskunst« nennen möchte; eine Überschau über das Ganze, ein Gefühl für die Wechselwirkung der Einzelmomente, wie ich das in meinen beiden Schriften »Das Ende der Neuzeit« und »Die Macht« angedeutet habe. Die fehlt aber; daher das Gefühl, daß man nicht weiß, wie – ja sogar, ob – die Dinge sich ordnen werden.

Aus: Die Existenz des Christen, 1976, 490–495

5 Verantwortung für die Umwelt

Der heutige Mensch erkennt, er könne die Macht, die ihm aus Wissenschaft und Technik erwächst, dafür verwenden, daß es mit der Erde richtig werde; aber auch dafür, daß sie, besonders ihr Leben Schaden leide, ja als Ganzes zugrunde gehe. Das aber wäre nicht nur eine wirtschaftliche Katastrophe, oder ein kulturelles Unheil, sondern ein religiöses Unrecht, ein Frevel.
Anderseits wird ihm fraglich, ob die immer raschere Entbindung bisher gebundener Energien durch Wissenschaft und Technik in lebbaren Maßen gehalten werden könne, oder ob sie auf Grund ihrer inneren Logik vorangehen und Vernunft wie Weisheit überrennen müsse. So stellt sich die Frage, welche Gewähr es dafür gebe, daß sie zum Guten gedeihen werde.
Mehr als das: dem heutigen Menschen müßte nach all den Taten barbarischer Grausamkeit, pathologischer Hybris und einer schauerlichen Kälte dem Menschen gegenüber klar werden, daß er selbst durchaus nicht jenes ordnungswillige, gute, zu immer Besserem bereite Wesen ist, als das der Optimismus des Fortschrittsglaubens ihn sieht. Daß vielmehr Impulse in ihm wirken, die zu jedem Mißbrauch der eigenen Macht treiben können. So erkennt er, daß die Erde nicht jene feste Grundlage seines Daseins bildet, als die er sie noch bis vor kurzem angesehen hat; daß vielmehr Dinge, Werte, Ordnungen in ihr, ja die Erdwelt selbst und als Ganzes angegriffen werden kann.
Aus alledem erwacht ein neues Gefühl: der Mensch erkennt, daß

er für die Erde verantwortlich ist. Ja, daß er sie retten muß, weil jeder Zuwachs an Erkenntnis und Können die Sicherheit des vorher Selbstverständlichen verringert. So gerät die Existenz als Ganzes in eine seither unbekannte Schwebe: was sie zu festigen schien, enthüllt sich als das, was sie recht eigentlich und immer gründlicher in Frage stellt. [...]

Die Gefahr der wie im Zwang vorandrängenden wissenschaftlich-technischen Entwicklung fordert den Menschen in einer Art heraus, daß eine neue Verantwortung gefühlt, daß Elemente der christlichen Personalität, die vorher schliefen, sich rühren, neue Kräfte und Erfindungsgaben geweckt werden müssen. Wie das zu geschehen habe, in welcher Weise sie den anonymen Impulsen des Machtwillens, des Erwerbstriebes, der Experimentiersucht, des »Alles-machen-Wollens« begegnen werden, ist eine Frage für sich.

Aus: Der Glaube in unserer Zeit, 1961, 21–24

6 Grenze des Wachstums

Wie war denn das Grundgefühl des Menschen seinem Werk gegenüber in der Vergangenheit? Noch im 19. Jahrhundert, zum Teil bis in den Beginn des 20. hinein, hatte er das Gefühl, die Erde ist unerschöpflich. Man kann aus ihr nehmen, so viel man will; es ist immer noch mehr da. Auf der Erde als dem Raum des Menschenwerkes kann man machen, was man will, konstruieren, umformen; immer bleibt die Erde als gesunder, schöner, alle Spannungen ausgleichender Werk- und Lebensraum. Auch der Mensch verträgt alles. Gewiß, man darf keine allzu heftigen Einwirkungen wagen: falsch gebaute Häuser, Fehler in der Ernährung, explodierende Maschinen usw. Das sind aber »Unfälle«; im Großen verträgt der Mensch alles, was er macht – so sehr, daß man ja weithin den Begriff der Kultur quantitativ faßt: um so höhere Kultur, je mehr Maschinen arbeiten, je mehr

Güter produziert, je mehr Straßen gebaut, Bücher geschrieben, Bilder gemalt werden usw. Die Frage aber, ob denn alles ins Grenzenlose weitergehen könne, wird im Ernst nicht gestellt.

Kann die Erde ins Unbegrenzte ausgebeutet werden, ohne daß einmal wirklich etwas zu Ende geht? Die Wälder zum Beispiel, das Wasser, die Fruchtbarkeit der Äcker – oder gibt es da eine absolute Grenze? Kann darauf losgebaut werden, mechanisiert, verkünstlicht, ohne daß, was wir »Natur« nennen, das Ursprüngliche, was von selbst da ist und geschieht, zugrunde geht? Und die allerdringlichste Frage: Hält der Mensch beliebig viel »Kultur« aus? Es ist doch ein Grundgesetz für das Verständnis jedes Kulturvorgangs, daß der Mensch nichts tun kann, ohne daß das Getane auf ihn selbst zurückwirkt. Daß es keine nur von einem Punkt aus sich vollziehende Wirkung gibt, vielmehr immer eine Gegenwirkung erfolgt. Wie wirkt also das, was der Mensch macht, auf ihn selbst zurück? Das beständige Anwachsen der Technik, durch die er aus dem Naturraum immer mehr in den künstlichen Raum, aus dem Gewachsenen in das Gemachte, aus dem ursprünglich Gegebenen in das tritt, was er selbst hervorbringt? Kann das beliebig weitergehen? Wieviel Macht über die Natur verträgt der Mensch? Macht über den anderen Menschen? Macht über das Menschengewächs selbst? Gibt es eine Grenze, wo er die Proportionen verliert?

Sie sehen, Fragen schärfster Art. So wird das Gefühl immer dringlicher: Wir brauchen eine neue Haltung. Eine Haltung, aus welcher die Regierungsakte des Lebens hervorgehen. Diese müssen immer breiter ausgreifen und die ganze Erde, das ganze Völkerleben erfassen. Die Welt ist voll von Krisen und Gefahren, die dadurch entstehen, daß irgendwo irgend jemand darauf los lebt, handelt, formt, ohne sich um die Rückwirkung auf das Ganze zu kümmern.

Wie schwer freilich die Aufgabe ist, was sie an Kenntnis, Überschau, Fähigkeit des Ausgleichens usw. verlangt, braucht nicht betont zu werden. Besonders wenn wir auf der anderen Seite in Rechnung stellen, was an Selbstsucht der Nationen, der Gruppen, der Interessen, an aufgespeicherten Spannungen aus der Geschichte und – nicht zu vergessen – an Dummheit sich geltend macht.

Hier liegen die Aufgaben. Es ist schlimm, wenn alle Aufmerksamkeit sich an ein besonderes Phänomen hängt und darüber all die anderen vergessen werden, die es auch gibt. Das zu sehen, daran zu arbeiten, ist Politik im großen Sinne; Staatskunst, die sich nicht nur auf den eigenen Staat, sondern auf den großen Zusammenhang aller Staaten richtet.

Diese Aufgaben hängen aufs engste mit dem zusammen, was wir die Verantwortung für die Welt genannt haben. Sie zu sehen, setzt eine Gesinnung voraus, deren Kern das Bewußtsein bildet, daß dem Menschen die Verantwortung für die Welt in die Hand gegeben ist. Er sich also nicht darauf zurückziehen könne, so sei es nun einmal, Unheil gehöre zum Leben, wo gebaut werde, gebe es Abfall usw. Das alles sind Ausflüchte. Die Dinge gehen so, weil der Mensch sie so gehen läßt.

Wo freilich die Grenze des menschlichen Vermögens überhaupt liege, wo wirklich das nicht zu Vermeidende, das Verhängte, das Schicksal beginne, ist eine Frage, auf die wir vielleicht noch eingehen können.

Aus: Die Existenz des Christen, 1976, 494–497

7 Teilhard de Chardin: Plädoyer für einen christlichen Weltbezug

Dieser Tage habe ich eine Einsicht gehabt, sie knüpfte an den Namen Teilhard de Chardin an.

Bisher habe ich ihm in großem Mißtrauen gegenübergestanden – vor allem deswegen, weil er so sehr Mode geworden ist. Solches Modewerden habe ich immer als einen Einwand gegen den Wert eines Gedankens oder einer Gestalt empfunden. Nun ist mir der Name aber bedeutungsvoll geworden.

In dem Buch von Helmut de Terra: »Mein Weg mit Teilhard de

Chardin« (1962) wird von Teilhard gesagt, daß er durch Bergson beeinflußt worden ist. Da wurde mir klar, warum er mit einer so starken Bereitschaft, ja Begeisterung aufgenommen wird, und ich will versuchen, das deutlicher herauszuarbeiten.

Der katholische Christ hat – wenn man das so mit einer großen Vereinfachung sagen kann – die Welt als mehr oder weniger fest definierten Raum angesehen, in welchem sich das Schicksal des Menschen – Schöpfung, Erschaffung, Sünde, Erlösung, Erneuerung und Gericht – abspielt.

Diese Welt war wichtig als Werk Gottes, als Raum der christlichen Existenz und ihres Dramas; sie hatte aber im Ganzen den Charakter des Schauplatzes für das Eigentlich-Wichtige – und, nicht zu vergessen, der immerfort drohenden Gefahr für dieses Wichtige. Sie selbst und als solche hatte keine christliche Relevanz. Sie gehörte nicht selbst in den eigentlichen Vorgang hinein.

Auch hatte die ganze Vorstellung von dem, was Christsein heißt, in seiner Beziehung zur Welt etwas eigentümlich Eingeschränktes, fast Kümmerliches. Die Art, wie der Glaubende gläubig war und gläubig lebte, und die Art, wie der moderne Mensch die Welt erlebt, meistert, gestaltet, fielen auseinander. Im modernen Lebensgefühl ist alles in Bewegung und zwar in einer Bewegung, die schöpferisch ist; aus der immerfort Neues und, wie der Fortschrittsglaube überzeugt ist, Höheres hervorgeht. Diese Bewegung vollzieht sich von einer ungeheuren Vergangenheit her und geht auf eine ebenso ungeheuer ferne Zukunft zu. Ungeheuer ist der Raum, in dem das geschieht. Was da in Bewegung ist, sind gewaltige Massen, Energien. Der Begriff des Kosmischen steigt in immer mächtigere Größe auf und es fällt als Gegenwert in immer winzigere Kleinheit.

Alles das ist nicht nur »Ort«, in welchem der Mensch lebt, sondern der Mensch ist existentiell daran beteiligt, daß das alles immerfort wird. Auch er selbst »wird« – und wie das Weltwerden vor sich geht, ist für ihn eine Existenzfrage, eine Sache des Schicksals.

Die beiden »Bereiche«, wenn man so sagen darf: Werden der

Welt und Entscheidung des Heils, Werden des Christen, greifen für den heutigen katholischen Christen nicht ineinander. Hier liegt das, was mir nahekam: so handelt es sich darum, die christliche Botschaft in ihrem Weltbezug zu verstehen. Dafür ist die Arbeit von Teilhard ein erster, vielleicht Epoche bestimmender Ausdruck.

Die Welt und ihr Werden ist wichtig; wichtig für Gott und wichtig für den Menschen als Christen. Die Botschaft des Evangeliums darf in keiner Weise mehr pietistisch-beschränkt, weltabgewandt verstanden werden. Wie das Weltwerden sich vollzieht und ob es die Möglichkeiten verwirklicht, die in ihm liegen, ist selbst in einem noch zu bestimmenden Sinne Sache des Heils. Und es müßte gerade Aufgabe des theologischen Denkens sein, das zu sehen und zu entwickeln.

Teilhard verwendet dafür den von der griechischen Theologie herausgearbeiteten Begriff des »Logos«. Logos bedeutet einmal den ewigen Sohn des Vaters, in welchem die göttliche Urgestalt, die Form des göttlichen Lebens sich verwirklicht. Bezeichnet aber zugleich die Weise, wie diese Urgestalt vom Schöpfer für die Welt zugrunde gelegt wird.

Im Neuen Testament findet der Gedanke immer nur kurzen, aber sehr bedeutungsvollen Ausdruck. Einmal wird allgemein gesagt, daß der Logos die Welt erschafft.

Es wird ferner gesagt, daß der Logos, Mensch geworden, die verfallene Welt erlöst.

[Es wird] weiter gesagt, daß die Gestalt des verklärten Gottmenschen als inneres Formprinzip, als wirkende Energie den »neuen Menschen« bildet; ja, daß diese Bestimmung als Kirche über den Einzelnen hinausgreift in das Menschengesamt, sogar noch über das Menschliche hinaus in den Kosmos und den »neuen Himmel und die neue Erde« hervorbringt und im Symbol des himmlichen Jerusalem das Gesamt der Schöpfung zu Gott hinaufhebt.

Dagegen erhebt sich ein Einwand: Ist es richtig, jene göttliche Aktivität, deren Ausdruck der Mensch gewordene Sohn Gottes ist und die in der Kategorie der Gnade – oft mißverständlich der des Übernatürlichen – steht, auch auf das natürliche, auf das unmittelbare kosmische Werden anzuwenden? Das tut offenbar Teilhard und das bildet den, soweit ich sehe, stärksten Einwand gegen ihn.

Wir dürfen aber nicht vergessen, daß die großen Entwürfe des Epheser- und Kolosserbriefes sowohl wie das Bild des »neuen Jerusalem« Offenbarung sind. Dürfen weiter nicht vergessen, daß der Begriff eines vom Natürlichen ablösbaren Übernatürlichen neueren Datums ist, aus dem Bedürfnis der Theologie nach Unterscheidung stammt.

Noch Augustinus scheint diese Unterscheidung nicht zu vollziehen, sondern aus dem ruhigen Besitz des glaubenden Menschen, der zugleich der geschaffene natürliche ist, heraus zu sprechen. Die naturwissenschaftliche Seite des Phänomens fehlt bei Augustinus, bei ihm gibt es aber die historische Seite. Die Geschichte der »Civitas Dei« ist für ihn die Geschichte einfachhin.

Jetzt scheint der Begriff der »neuen Welt« in ähnlicher Weise mit dem der Welt überhaupt zusammengefaßt zu werden. So zwar, daß es überhaupt nur jene Welt gibt, die auf das himmlische Jerusalem zugeht.

Natürlich ist die Gefahr groß, daß dieser Vorgang zu einer pantheistischen Vermengung führt und die Kategorien des Evangeliums naturalisiert, säkularisiert werden.

Dennoch bleibt die Aufgabe bestehen. Sie ist der kommenden Theologie sowohl wie dem werdenden christlichen Bewußtsein gestellt.

Aus: Theologische Briefe an einen Freund, 1976, 46–49

II Europa und die Völker

In der Periode einer schlimmen Europa-Müdigkeit ist es gut, an das entschiedene Bekenntnis Romano Guardinis zu erinnern. Er geht dabei von seiner eigenen Erfahrung aus: der Erfahrung eines Zeitgenossen, der im mediterranen Italien geboren worden ist, aber sich in Deutschland hat bilden können (8). Das Leben in zwei Vaterländern führt zur Entdeckung des wahren größeren Vaterlandes (9). (Was in Brüssel, Luxemburg und Straßburg geschieht, ist allerdings teils nur ein Anfang, teils gar eine Karikatur Europas.) Romano Guardini entdeckt in dem Kontinent der Griechen und Römer, der Romanen, Germanen und Slawen einen »Ort der Kritik an der Macht« (10), – wir dürfen sehr aktuell hinzusetzen: an den Mächten. Die Region, welche die Technik hervorgebracht und dadurch sowohl den Sinn der Geschichte erfüllt als auch durch Maßlosigkeit Unheil über die Erde gebracht hat, hat die Berufung zur Mäßigung der Macht, zur sanften Technik, zur begrenzten Organisation und Rationalität, zu einer auch durch Schuld gekennzeichneten »Verantwortung für das Ganze« (12). Das hat Romano Guardini nur in großen Zügen erkannt. Wir können das Bild ergänzen, so etwa durch die ökonomisch-soziale und durch die strategische Dimension: Europa ist die Großregion vergleichbarer Produktionsverhältnisse, also ein nicht nur bürgerliches und christliches Ziel, sondern auch ein marxistisches (13); Europa ist das Zielgebiet aller Nuklearbomben der beiden aus Europa herausgewachsenen Pionier-Mächte des Westens und des Ostens. Wo Romano Guardini global von den verschiedenen Aufgaben »Asiens«, »Afrikas« oder »Amerikas« spricht, haben wir genauer Großregionen in den Blick zu nehmen, die in einigen Fällen nicht mit den Kontinenten der Geographen zusammenfallen.

Dostojewskijs »Volk« (14) gehört eigentlich nicht in diesen Zusammenhang; denn dieser Dichter hat nicht das Volk als

geschichtliches Subjekt des Nationalstaates im Sinn, sondern das
Leben der unteren Schichten. Aber der basisdemokratische
Appell »Europa in uns« würde den Beifall Romano Guardinis
finden. Er war in vielem gegenwärtiger und der guten Zukunft
näher als seine Kritiker zu meinen scheinen.

8 Europa als Antwort auf persönliche Fragen

Da ist mir aus persönlichster Beanspruchung heraus jene Realität
deutlich geworden, deren Name heute in aller Munde ist, von der
man aber damals kaum sprach: das Faktum »Europa«. Ich
erkannte es als die Basis, auf der ich allein existieren könne:
hineingewandt in das deutsche Wesen, aber in Treue festhaltend
die erste Heimat; und beides nicht als bloßes Nebeneinander,
sondern eins in der Realität »Europa«, die wohl aus geschichtlichen Notwendigkeiten, aber auch aus dem Leben derer geboren
wird, die sie im eigenen Leben erfahren.
Noch etwas Anderes wurde mir deutlich. Zwischen Frankreich
auf der einen und Deutschland auf der anderen Seite war, trotz
aller politischen Verhängnisse, »Europa« schon lang im Werden,
wenn auch mehr vom Osten nach Westen als in umgekehrter
Richtung. Zwischen Italien und Deutschland aber schien es
anders zu stehen. Gewiß war von je das Verlangen des Deutschen
nach dem Süden wirksam gewesen; doch meistens in einer
eigentümlich irrealen, ästhetisch-lyrischen Weise, die sich im
Bereich von Kunst und Landschaft hielt, von der politisch-
geschichtlichen Wirklichkeit hingegen nicht viel Notiz nahm.
Auch antwortete der Beziehung vom Norden nach dem Süden
keine entsprechende von drunten herauf. Dafür gab es nur solche,
die aus der Lebensnotdurft erwuchsen. Schon seit langem kam
der italienische Arbeiter in das industriell aufblühende Deutschland; wenn er sich aber, oft in harter Entsagung, das Nötige
erspart hatte, ging er wieder zurück und kaufte sich in seiner

Heimat ein Stückchen Land. Innerlich herübergekommen waren nur sehr Wenige. Ich habe daher Anlaß, hervorzuheben, daß ich schon sehr früh den Drang nach dem Norden empfunden habe – manchmal stärker, als mir lieb sein konnte. Und wenn ich recht sehe, ist das ein Impuls, der sich heute weiterhin zu rühren beginnt.

So erwachte das Bewußtsein von »Europa« als Antwort auf eine höchst persönliche Frage.

Aus: Stationen und Rückblicke, 1965, 14 f.

9 Die Übernationalität und die Rolle der Nationen

Kann ich unmittelbar im Raum des Kontinents existieren? Ist die Über-Nationalität so geartet, daß ich in ihr auch Heimat und Ehre haben kann? Wo ist der Raum der Treue, als Gegenpol für die Weite des Ausgreifens und der großen Verantwortung?

Hier gewinnt die Nation eine neue Bedeutung.

Es gibt eine Weise, kontinental, gar global zu fühlen, die interessant sein mag, aber die Menschen heimatlos macht und einem tieferen Appell des Ehrgefühls nicht genügt. Aus ihr entsteht der Kosmopolit, als jener Mensch, der nirgends mit seinem Leben einsteht, weil er anderswo ebenso gut weiterkommen kann. Normalerweise bildete den Ort der lebendigen Einwurzelung die Nation – jedoch nicht in ihrer früheren, abgeschlossenen Form, sondern so, daß sie mit den anderen Nationen zusammen im Kontinent eingeordnet ist; von Geschichte gesättigte Form charakteristischen Lebens, die aber ein Organ im umfassenderen Zusammenhang bildet. Von ihr her haben wir den holländischen, belgischen, französischen, deutschen Europäer.

Wir sind gewohnt, Europa als Erdteil anzusehen und es also in eine Reihe mit so mächtigen Gebilden, wie Amerika, Asien,

Afrika zu stellen – ist das berechtigt? Diese kleine Halbinsel am Koloß Asien?

Als Antwort auf die Frage könnte zunächst auf die Größe seiner Bevölkerung hingewiesen werden, sobald das Ganze in Betracht gezogen wird; auf seine vereinigte wirtschaftliche, industrielle, wissenschaftliche, künstlerische Leistung. Das sind sicher gewichtige Momente; aber die anderen Kontinente haben Reserven an noch ungenütztem Raum und unerschlossenen Naturschätzen, ein Potential künftiger Volksvermehrung, und einen Willen zu wissenschaftlich-technischem Fortschritt, welche die Bedeutung der europäischen Zahlen mit jedem Jahr weiter vermindern müssen.

Aus: Sorge um den Menschen, 1962, 256f.

10 Europa: Ort der Kritik an der Macht

Gibt es aber eine Leistung, die Europa in besonderer Weise zugewiesen ist, und von anderen Erdteilen gewiß auch, aber nicht mit solcher, sagen wir, inneren Zuständigkeit vollbracht werden könnte? [. . .]

Wenn wir von der Macht sprechen, die der heutige Mensch schon in so ungeheurem, dazu aber immer schneller wachsendem Maße besitzt, dann denken wir unwillkürlich an die Macht über die Natur. Wir wollen aber nicht vergessen, daß sie auch Macht des Menschen über den anderen Menschen ist – und damit des Menschen über sich selbst.

Wie groß Macht ist, kommt am stärksten zu Bewußtsein dort, wo sie zerstört. Wir Heutige haben das Ereignis erlebt, in welchem die Möglichkeit der Zerstörung ganz deutlich wurde, als die Atombombe in Hiroshima niederfiel. Es geht ja in der Geschichte immer so, daß neue Realitäten zuerst gleichsam amorph da sind, nur geahnt, gefühlt. Dann geschieht etwas, wodurch das vorher Unbestimmte Kontur bekommt, aussprechbar wird. Das ist durch die Atombombe geschehen. Unser Existenzbild ist von nun an das des Menschen, der über diese Bombe verfügt und mit ihr in einem Maße sich selbst zerstören kann, das früher nicht hätte gedacht werden können.

Gewiß, mit den Kräften, die in ihr wirksam sind, kann er Ungeheures verwirklichen; auch das ist uns in diesen Jahren klar geworden. Er hat die Hand an den Energien der Welt. Er kann sich den Weg in den Weltraum öffnen. Was ihn aber zum grellsten Bewußtsein seiner Macht bringt, ist die neue ungeheure Möglichkeit, zu zerstören.

Und über der Atombombe wollen wir nicht jene andere Möglichkeit der Machtübung vergessen, die ebenfalls in diesen Jahren gewonnen wurde, nämlich die, in das menschliche Atom einzudringen, in das Individuum, die Persönlichkeit. (Die Worte »Atom« und »Individualität« meinen ja ihrem Grundsinn nach das Gleiche, nämlich das »Nicht-Teilbare«.) Man spricht nicht viel davon; aber es ist doch so, daß durch die Mittel, welche Psychologie und Chemie an die Hand geben, nicht nur bisher unangreifbare Störungen überwunden, sondern auch das Innerste des Menschen aufgebrochen werden kann. Dafür hat sich ein Wort gefunden, das harmlos klingt – als ob man sich dessen schämte, was es meint –, die »Gehirnwäsche«. Es ist möglich, in einem Menschen gegen dessen eigenen Willen die Weise zu ändern, wie er sich und die Welt erlebt; die Maßstäbe, nach denen er Gut und Böse mißt; den Stand, den er als Person in sich selbst hat. Diese Möglichkeit ist verwirklicht worden, und wird immer neu verwirklicht – ja sie spielt als Werbung und Propaganda im angeblich freiheitlichen Leben bereits eine Rolle, die alles andere als unbedenklich ist.

Auch das ist ein Bild der menschlichen Macht; subtiler, weniger dramatisch, aber vielleicht noch viel drohender als das der Atombombe.

Ich glaube, nicht ungerecht zu urteilen, wenn ich denke, das Problem sei in seinem ganzen Ernst noch nicht gesehen, geschweige denn in Angriff genommen. Wer ist aber berufen, es zu stellen und einer Lösung näher zu bringen? Damit kehren wir zu unserer Frage zurück.

Es scheint nicht, daß es, als Kontinent, Amerika sei, dem diese Aufgabe zugewiesen ist. Dafür ist die Geschichte des großen Landes noch zu kurz; sie hat zusammen mit dem Erwachen der modernen Wissenschaft und Technik begonnen. Auch ist seine Gesinnung – wenn so allgemeine Urteile erlaubt sind – weithin doch zu stark mit dem Glauben an einen allgemeinen und sicheren Fortschritt verbunden. Von einzelnen Persönlichkeiten oder Kreisen wird die Frage sicher gefühlt, sie werden aber wohl eher als abseitig angesehen.

Asien wird es, glaube ich, auch nicht sein. Zwar ist seine Geschichte uralt; es scheint sich aber mit einer Besorgnis erregenden Schnelligkeit von dieser seiner Vergangenheit zu trennen und in die neuen Möglichkeiten zu stürzen.

In diesem Zusammenhang von Afrika zu reden, ist sicher verfrüht. Einstweilen scheint sein Zusammentreffen mit Wissenschaft und Technik im Sinne einer echten Kultur mehr Verwirrung anzurichten als Förderung zu bringen.

Ich glaube, hier liegt eine Aufgabe, die in besonderer Weise Europa zugewiesen ist.

Vergegenwärtigen wir uns die Tatsache, daß seine durch mehr als dreitausend Jahre gehende Geschichte in ununterbrochenem Fortgang zu der neuesten Entwicklung von Wissenschaft und Technik führt. Es hat sich nicht mit einem Sprung in sie hineingeworfen, sondern hat sie hervorgebracht; so hat es auch Zeit gehabt, sich an sie zu gewöhnen.

Mehr aber und wichtiger als das: es hat Zeit gehabt, Illusionen zu verlieren. Ich irre wohl nicht, wenn ich denke, dem eigentlichen Europa sei der absolute Optimismus, der Glaube an den allgemeinen und notwendigen Fortschritt fremd. Die Werte der Vergangenheit sind in ihm noch so lebendig, daß es zu empfinden vermag, was auf dem Spiele steht. Es hat schon soviel Unwiederbringliches untergehen sehen; ist in langen mörderischen Kriegen so schuldig geworden, daß es fähig ist, nicht nur die schöpferischen Möglichkeiten, sondern auch das Risiko, ja die Tragik der menschlichen Existenz zu empfinden. In seinem Bewußtsein steht gewiß die Mythengestalt des Prometheus, der das Feuer vom Olymp holt, aber auch die des Ikarus, dessen Flügel die Sonnennähe nicht aushalten, und der stürzt. Es kennt die Durchbrüche der Erkenntnis und der Eroberung, glaubt aber im Grunde weder an Garantien für den Gang der Geschichte, noch an Utopien von allgemeinem Weltglück. Dafür weiß es zuviel.

So glaube ich, die am wenigsten sensationelle, aber am tiefsten ins Wesentliche führende Aufgabe, die Europa zugewiesen ist, sei die Kritik an der Macht. Nicht negative Kritik, weder ängstliche noch reaktionäre; aber ihm sei die Sorge um den Menschen anvertraut, weil es dessen Macht nicht als Gewähr sicherer Triumphe, sondern als Schicksal erlebt, von dem es dahinsteht, wohin es führen werde.

Europa ist alt. Früher schien es, als sei im Bilde Asiens der Charakter des Alters am stärksten ausgeprägt – damals, als man noch von seiner Zeitlosigkeit sprach. Heute scheint es sein Alter zu verleugnen und zu einer neuen, wohl großartigen, aber auch gefährlichen Jugend aufzustehen. Europa hat die Neuzeit geschaffen; hat aber den Zusammenhang mit der Vergangenheit festgehalten. So sind in sein Antlitz, neben den Zügen der Schöpferschaft, die einer jahrtausendlangen Erfahrung eingezeichnet. Die ihm vorbehaltene Aufgabe liegt, so denke ich, nicht darin, daß es die Macht, die aus Wissenschaft und Technik kommt, steigere – obwohl es natürlich auch das tun wird – sondern diese Macht bändige.

Europa hat die Idee der Freiheit – des Menschen wie seines Werkes – hervorgebracht; ihm wird es vor allem obliegen, in Sorge um die Menschlichkeit des Menschen, zur Freiheit auch gegenüber seinem eigenen Werk durchzudringen.

Aus: Sorge um den Menschen, 1962, 260–267

11 Offenheit für das Andersartige

Wurde die Religiosität des Inders, des Chinesen, des Afrikaners von den Trägern der christlichen Botschaft nicht ernst genommen, so stand dem die unverbindliche, ästhetisch-modische Weise gegenüber, wie der kultivierte Europäer sich mit dem Mythos beschäftigte. Dabei ging es kaum einmal um existentielle Wahrheit, sondern entweder um religionswissenschaftliche Forschung, oder um ästhetizistische Weltsymbolik.

Auch hier ändern sich die Dinge. Schon daß die ehemaligen Kolonialvölker sich wie im Bruch eines Dammes freimachen, zwingt zu einer Revision. Nicht zu reden von der politischen Notwendigkeit, sich mit der Mentalität der außereuropäischen Völker in einer Weise auseinanderzusetzen, die nicht vom Bewußtsein des Kulturbringers, oder nur vom Interesse des Forschers, sondern von der Achtung für den Partner auf dem Feld der Erdpolitik diktiert ist. Das gilt auch für das Religiöse; worum es da geht, ist ein Gespräch der Weltvölker über die Wahrheit. So ist der aus der biblischen Offenbarung lebende Gläubige aufgefordert, die aus anderen Quellen gespeiste Religiosität in einer neuen Weise ernst zu nehmen. Er ist dem Andringen der fremden, vor allem der asiatischen Gedankenwelt ausgesetzt und muß ihr Rede und Antwort stehen. Und er wird es nicht nur abwehrend oder diskutierend, sondern in wachsender Erkenntnis des Wahrheitsgehaltes tun, der in jener liegt.

Welche greifbaren Wirkungen dieses Gespräch haben wird, ist noch nicht abzusehen; jedenfalls geht den Theologen die Frage sehr nahe an, was geschieht, wenn die Inhalte der christlichen Offenbarung von Geistern durchdacht werden, die durch religiöse Erfahrungen von solcher Tiefe getragen und in so alter Weisheit geformt sind. Wenn man behauptet, das Bewußtsein des Weltvolkes werde ein ungläubiges sein, so steht dieser Prognose eine ganz andere gegenüber: nämlich die, ein christliches Weltbewußtsein von neuer Tiefe und Weite werde erwachsen.

Was aber die zahlenmäßigen Verluste angeht, die das Christentum durch eigene Fehler und Unzulänglichkeiten wie auch durch feindliche Gewalt und Propaganda erlitten hat, so wird es den Sachverhalt, auch den seines eigenen Verschuldens, erkennen und die Konsequenzen auf sich nehmen. Doch dann werden die entstehenden leeren Räume zu Gebieten neuen, wenn auch noch so mühsamen Vordringens werden. Alle Diagnosen auf ein Sterben des Christentums machen den Fehler, daß sie Christus und sein Werk als bloße Kulturerscheinung und die Zeitspanne für die Beurteilung viel zu kurz nehmen. Christus ist Gottes Sohn, und Ihm gehören die Zeiten. Der Christ aber hat gelernt, in Jahrhunderten zu denken.

Aus: Der Glaube in unserer Zeit, 1961, 19 f.

12 Verantwortung für das Ganze

So steht der heutige Mensch vor einer Entscheidung, die, nach einer Reihe von Jahr-Hunderttausenden, wieder die gleiche ist, wie jene der Frühzeit: Entweder er verfällt der Wildnis – diesmal jener der Kultur – indem er von ihren Motivketten, Problemgewirren, Handlungswirbeln aufgesogen wird, oder er gewinnt ihr gegenüber Stand und bringt sie in eine sinnvolle Beziehung zu echter personaler Existenz. Worum es geht, sind also nicht Reformen, die hier und dort und irgendwo sonst ansetzen, sondern eine neue Basis und eine neue Freiheit, die den Menschen befähigen, das, was ist, in den Blick zu bekommen; vom wirklichen Charakter der Vorgänge betroffen zu werden; zu unterscheiden, was wertvoll und was wertlos ist und über die Sinnlosigkeit zu erschrecken, welche den Menschen der Apparatur ausliefert. Eine Aufgabe also, die an Größe jener der Frühzeit entspricht – ja vielleicht, da das neue Chaos eine ganz andere Bösartigkeit hat, sie noch übersteigt.

Damit stehen wir aber vor der Frage, wie Vorbedingungen zu schaffen seien, die ihre Bewältigung ermöglichen.

Wir haben gesehen, daß die Aktivierung des neuzeitlichen Menschen das kontemplative Element in ihm immer weiter geschwächt hat, und er, ebendadurch, seinem eigenen Werk verfallen ist. So kann er die neue Sicherheit des Standorts, die Freiheit des Sehens und Tuns nur wiedergewinnen, wenn er jenes Element in sich kräftigt: wieder lernt, zu schweigen; sich zu sammeln; seiner selbst mächtig zu werden; Abstand zu gewinnen; den Sinn der Vorgänge zu sehen; nicht aus dem Gedränge der Vorteile und Parolen, sondern aus dem Wesen der Dinge heraus zu entscheiden und so fort. Dann erst kann er jene Revolution vollziehen, die ihm aufgegeben ist. In erschütternder Ahnungslosigkeit wird ihr Begriff mit alledem verbunden, was technisch-wirtschaftlich-politische Machtentfaltung heißt. »Revolution« kann einen positiven Sinn nur haben, wenn sie die Scheinordnung, welche dem Menschen die Freiheit nimmt und das Leben lähmt, zerbricht, um ein Dasein zu ermöglichen, das seiner würdig ist – hier aber verkoppelt sich ihr Begriff mit einer Knechtung, die viel gefährlicher ist als die äußere: dem inneren Verfallensein an die Logik von Macht und Apparatur. So müssen die Augen aufgehen, damit das gesehen werden könne. Eine echte Re-Volution, eine Wende der Erkenntnis und der Bewertung muß sich vollziehen, das all die festgelaufenen Verdikte: »das geht nicht . . . das darf nicht sein . . . das widerspricht dem Fortschritt« wegwischt. Wohl geht es; wohl darf es sein; in keiner Weise widerspricht es dem – und nun freilich zu ergänzen: dem wirklichen Fortschritt! Dazu ist aber nur jener im Stande, der die nötigen Voraussetzungen hat: die Freiheit, den Mut, den Abstand, den Griff.

Davon ist hier die Rede.

Daraus ergeben sich von selbst ethische Aufgaben größten Gewichts. Der neuzeitliche Mensch ist der Verantwortung für das Ganze des Daseins entlaufen. Er hat sich den einzelnen Verantwortungen wissenschaftlicher, künstlerischer, politischer, technischer Art in einer Weise ergeben, daß er darüber die für das Leben überhaupt vergessen hat.

Auch verstehen Sie, daß es sich hier um etwas durchaus anderes

handelt, als um jene Psychotechnik, mit welcher die modernen
»Seelen-Ingenieure« Haltung und Stimmung der Arbeitenden
beeinflussen, damit ihre Leistungen noch genauer, noch rascher,
noch besser vor sich gehen. Durch sie wird der Mensch nur
immer tiefer in das Chaos hineingetrieben. Um das Gegenteil
handelt es sich: von jeder unmittelbaren Leistung Abstand zu
gewinnen, um sehen zu können, ob sie richtig im Zusammenhang
des Menschlichen stehe.

Ebenso wie es sich bei der genannten Selbstzucht nicht um das
handelt, was ein Max Weber die moderne Arbeitsaskese genannt
hat – also jene Haltung, welche alle Kraft, Gesundheit, Ruhe,
Freude, Menschlichkeit in die Leistung hineinopfert – sondern
wieder um deren Gegenteil: die Überwindung von Arbeitszwang
und Leistungssucht um des Menschlichen willen.

Aus: Der unvollständige Mensch und die Macht, 1956, 24f.

13 Revolutionäre Kräfte

– Ist sie [unsere Zeit] in Wirklichkeit nicht etwas tief Gefährli-
ches? Ihre jetzige Kulturlosigkeit in Bild und Sprache nicht nur
der zahme Ausdruck innerster Kulturfeindlichkeit? Leben nicht
revolutionäre Kräfte in ihr – um nicht mehr zu sagen? Man spielt
mit der Gefahr. Man kennt sie nicht. Aber es könnten Mächte aus
ihr losbrechen, vor denen man erschrecken würde. Man kann das
alles nicht so deutlich sagen; aber mir ist, als grolle es unter-
irdisch in dieser Welt. Als seien geheime Gluten bereit, hervor-
zuschlagen. [...]

– Was Du vorhin von den revolutionären Kräften gesagt hast,
lieber Freund, nehme ich auf. Was ist denn der Sinn dieser
ungeheuren Bewegung unserer Tage, besonders drüben in Ruß-
land – falls Du sie nicht nur als Dummheit und Verbrechen
ansehen willst? Doch dies: Hier brechen wieder einmal Urkräfte
hervor. Ein Ereignis wider alle Berechnung, spottet aller Über-

legung, paßt in kein kluges Programm. Befiehl Du dem Strom, wenn er anschwillt! Eine Kultur war am Gipfel angelangt, und jetzt bricht das gerade Gegenteil davon hervor, das elementare, wilde Leben. Das rechnet nicht, das wägt nicht, das will nur eins: Leben und Hingabe. Und es hat keine Vorsicht, keinen Sinn für Ab- und Zugeben und Vereinbarung: Alles oder nichts! Seinen Grund hat es in sich selbst, in der Kraft seines Aufbrechens, und im Sturm seines Gefühls. Es will das Menschsein entfesseln und den Weg zum Menschen bahnen, um sich ganz geben zu können. Das will es, muß es. Dafür wagt es alles. Dafür opfert es alles. Dafür vernichtet es auch alles, alle schöne, wohlausgewogene Kultur... Doch es wird zugrunde gehen, weil es nur Natur ist, und gefallene Natur. Es muß an seiner eigenen Zerrissenheit, an all dem Bösen und Häßlichen und Widersinnigen in ihm selbst zerbrechen...

Aber sagt: Wo ist unsere Antwort darauf? Die christliche? Wo ist das Christlich-Elementare, der christliche Ur-Wille, der aus gleichen Tiefen kommt? Nein, aus noch tieferen, aus göttlichen? Wo ist das Christliche, das auch nur eine Kraft hat, nur ein Ziel, nur eine Hingabe, ein grenzenloses Wagen und Schenken? Das vor keiner Tat zurückschreckt, vor keinem Opfer? Keinen öffentlichen Meinungen, wohlbedachten Einrichtungen und Schlagbäumen aller Art? Das könnte nur eine Gesinnung sein, die reine Liebe ist. Aber nicht Liebe aus Menschenherzen, sondern Liebe aus Gott. Die geht ganz über sich hinaus; alles nimmt sie aus Gott. Sie wirft weg, was klug ist und nützlich nach den Augen der Welt. Gerade auf das Über-Vernünftige, auf Torheit und Ärgernis stellt sie sich. Der Mißerfolg ist ihre stärkste Kraft. Das Opfer der Preis, mit dem sie alles kauft. Sie wagt alles in Liebe, und erwartet alles von Gottes Liebe. In jedem Augenblick hält sie das Wunder für möglich, sobald lautere Menschenliebe der Liebe Gottes den Weg freigibt. Sie ist trunken von Leiden, gesättigt mit Verachtung, und äußere Anerkennung und Erfolg sind ihr Zeichen, daß sie den rechten Weg verfehlt hat. [...] Die kommende Zeit wird das Christentum auf furchtbare Proben stellen. [...] Letzte Zeiten sind angebrochen! Fühlt Ihr's nicht? Wie der Geist weht? Wie die Geister sich scheiden? Wie es an letzte Erprobungen geht? Meint Ihr, dann hilft noch Geschichte und Kultur? Nur eins steht da noch: Der Haß des Antichristen, und wider ihn die Seele, die sich bedingungslos Gott zur Verfügung gestellt hat. Die nur eines ist, und nur eines will: Liebe.

Aus: Auf dem Wege, 1923, 153, 162f.

14 Dostojewskij: Das Volk als Inbegriff alles Menschlichen

Das Wort »Volk« drückt bei Dostojewskij den Inbegriff alles menschlich Echten, Tiefen, Tragenden aus. Volk ist die menschliche Ursphäre, wurzelhaft, stark und ehrwürdig. Zugleich ist Volk der Mensch in seiner Wehrlosigkeit, vom Schicksal beladen, von den Geschwinden und Geschickten ausgenutzt, von den Gewalttätigen gedrückt. Ebendarum ist es aber auch jene Form des Menschlichen, die den ewigen Dingen am nächsten steht, umgeben von hütender, göttlicher Liebe. Das Wort »Volk« hat für Dostojewskij den gleichen ehrfürchtigen, sehnsüchtigen, erbarmenden und aufrichtenden Klang wie für alle großen Romantiker.

Das Volk steht in Beziehung zu den Elementen des Daseins. Es ist mit der Erde verwachsen. Es geht auf der Erde, arbeitet auf ihr und lebt durch sie. Es ist eingewoben in den Zusammenhang der Natur, in die Gezeiten des Lichtes und des Wachstums. Und es fühlt, vielleicht ohne Worte dafür zu haben, das All in seiner Einheit.

Das Volk ist, trotz Elend und Sünde, der echte Mensch; trotz aller Verwahrlosung kernhaft und gesund, weil in die Wesensgefüge des Daseins eingebettet – während der Gebildete, der »Westler«, der sich herauslöst, verkünstlicht, haltlos und krank wird.

Der Mensch des Volkes steht im Kreislauf des Blutes, geöffnet dem Durchstrom des gemeinsamen Lebens in Familie, Gemeinde und Menschheit. Der Mensch des Volkes lebt in den Gesamtgeschehnissen des Schicksals. Er hat keine Möglichkeit, sich dem allen zu entziehen, fühlt sich aber auch nicht dazu getrieben. So ist sein Leben erfüllt von den Grundtatsachen des Daseins, von den täglichen Dingen und von den einfachen, wesenenthaltenden Freuden und Schmerzen.

Volk ist der unmittelbare und mit sich selbst einige Mensch. Es reflektiert nicht. Es lebt aus seiner Wurzel voran, in das Dasein hinein. Es denkt und fühlt nicht abstrakt, sondern in Gestalten und Geschehnissen. Es folgt keiner Doktrin, sondern handelt aus dem konkreten Zustand, dem Jetzt und Hier. In ihm sind die Instinkte noch nicht beirrt; so besitzt es Richtung und Unterscheidungssinn. Die Kräfte des Schauens sind noch nicht zerstört; in seinem Leben steht das Symbol; die Vision kann noch zum Volke kommen und ihm den Sinn der Welt enthüllen. Es ist weise und seherisch, von den stillen, schaffenden Mächten belehrt.

So lebt das Volk und in ihm der Einzelne die ungebrochene Wirklichkeit des Daseins. Damit ist es diesem aber auch ausgeliefert. Es hat die Last des Daseins zu tragen. Die Frage, ob diese Last gerechtfertigt sei, stellt es nicht. Das Leben ist da mit seiner Schwere; die Techniken aber, sich ihr zu entziehen, kennt der Mensch noch nicht. So trägt er sie einfachhin, und darin wird er groß. Das Volk ist preisgegeben, mühselig und beladen. Es mag schlau sein; aber das ist doch nur eine Schlauheit innerhalb jenes Eingefangenseins. Auch viel Böses lebt im Volke. Neben kindlichem Frohsinn und zartester Güte eine oft blitzartig losbrechende Leidenschaft, die sich zu sinnlosem Rasen steigern kann. Tücke und unvorhersehbare Zerstörung, tierische Wut, erbarmungslose Grausamkeit, wüste Trunksucht, Dumpfheit, Verfallenheit, alle schlimmen Mächte wirken in ihm – und dennoch, ja in alledem ist das Volk »kindlich gut«.

Im Grunde ist es für Dostojewskij, wie für alle Romantiker, ein mythisches Wesen. Jenes Volk, das er meint, sind wohl die begegnenden Menschen; aber hinter ihnen geht es in eine andere Sphäre, in ein Eigentliches, in den Urbereich hinab, und die wirklichen Menschen sind »Volk« dadurch, daß in ihnen jene andere Sphäre zur Geltung kommt.

Dieses Volk ist Gott nahe.

In den einleitenden Bemerkungen wurde darauf hingewiesen, wie in der Welt Dostojewskijs die Elementartatsachen des Daseins, also Erde und Sonne, Tier und Pflanze, die Mutterschaft, das Leben des Kindes, Leid und Tod zum Religiösen stehen. Sie alle sind mit religiöser Valenz gefüllt. Sie bedeuten sich selbst, zugleich aber ein Anderes. Sie sind Weisen, wie das Geschaffene in das Andere eintaucht; Weisen der Angrenzung an das Andere, des Verbundenseins mit Gott . . . So muß das Volk in besonderer Art dieser religiösen Nähe geöffnet sein. Gott ist ihm nahe, weil es den Grundtatsachen des Daseins aufgetan ist; weil es in der Ungebrochenheit dieses Daseins steht, das zugleich Preisgegebenheit ist.

Drücken wir es genauer aus: Für dieses Empfinden hat Gott seine Schöpfung nicht losgegeben. Das religiöse Weltgefühl des Abendlandes scheint durch das Bewußtsein bestimmt zu sein, Gott habe die Welt fertig geschaffen, geschaffen durchaus, freigegeben in das Alleinstehen des rundherum Vollendeten, so sehr, daß sich das religiöse Verhältnis auf Distanz aufgebaut hat. Gleichsam aus Abstand geschaffen, scheinen Mensch und Welt sich im Endlichen allein vorzufinden und nun, über jeden Abstand hin, zu Gott hinzustreben. Auch wenn Gott in seinem Welt-Innesein erfaßt wird – ja noch trotz aller monistischen Strömungen – scheint diese Inexistenz immer so empfunden zu werden, als ob Gott sich seinem Werk, das er ontisch freigegeben hätte, neu und von fernher näherte, es durchdränge, erfüllte . . . Die Welt Dostojewskijs hingegen scheint sich vom Schöpfer nicht in die Abgelöstheit des Fertigseins gestellt zu fühlen. Sie scheint sich in keinem Sinne in eigenem Stand zu fühlen, sondern durchaus und mit besonderer Unmittelbarkeit in Gottes Hand liegend. Die Welt scheint immer in einer Werde-Bewegung zu sein, überall flüssig, und Gott in ihr ein geheimnisvolles Geschehen zu wirken, das durch den Menschen, der glaubend mit ihm verbunden ist, irgendwie aufgefaßt wird.

Das Volk nun, das sich aus dem Zusammenhang des ursprünglichen Menschenzustandes noch nicht herausgelöst hat, das einfachhin mit der Erde lebt, von ihr gespeist und zugleich ihr preisgegeben, fühlt sich mitten in diesem Kraftfelde des Gotteswirkens stehen. Es fühlt, wie in Allem von Gott her etwas vor sich geht. Es ahnt das Geheimnis dieses Geschehens, seine Nähe, seine Unruhe. Es erlebt die Undurchdringlichkeit seiner Rätsel, erfährt aber auch, von Mal zu Mal, das Hochfluten des lebendigen Stromes, die emporschlagende Flamme, das Aufleuchten des Sinnes.

Aus: Religiöse Gestalten in Dostojewskijs Werk, 1964, 19–23

III Neue Dimensionen der Politik und der Macht

So sehr Romano Guardini humane Überlegungen zu den politischen Organisationen und Phänomenen anstellt, die auf statischen, »naturrechtlichen« oder besser: an der Schöpfung orientierten Vorstellungen beruhen, so entschieden denkt er doch durchaus geschichtlich: Das Ende der Neuzeit – davon geht er aus – hat uns in eine neue einmalige Situation gebracht (19). Daß sich die Menschheit in unserer Zeit als ganze erkennen muß, erfordert eine neue Dimension des Politischen (15). Durch den »Außendruck« dieser neuen objektiven Solidarität verändern sich alle politischen, ja alle bisherigen gesellschaftlichen Strukturen schlechthin, – bis hin zur Familie. Diese Einsicht Romano Guardinis finden wir allerdings nur in den allgemeinsten Zügen skizziert (16). Das Verhältnis der ersten kapitalistischen Welt und der zweiten sowjetischen sowie das Verhältnis dieser beiden Industriemächte zur dritten Welt werden nicht reflektiert; Indien erscheint zwar als geistiger Partner Europas, nicht aber als der Subkontinent in seiner sehr konkreten Krise; auch Probleme wie das israelisch-arabische sind nicht im Blickpunkt. Ebenso wird der »Staat« in seiner Unmenschlichkeit nur generell kritisiert (21); weder das spezielle Phänomen des »Nationalstaates«, dessen Machtfülle auch deshalb so gefährlich ist, weil er meist auf einer irrational geprägten (völkischen oder sprachlichen) Gemeinschaft beruht, noch der des »Imperialismus« der Großmächte werden vergegenwärtigt; der »Klassenkampf« findet nicht statt. Trotz dieser Begrenzungen war Romano Guardini seiner Zeit in vielem voraus; seine Analyse der »Macht« (20), die er als produktiv und als gefährdend zugleich versteht, kann mit dem tragischen Geschichtsdenken Reinhold Schneiders verglichen werden. Erstaunlich ist sein Verständnis für den Menschen

der »Masse«; für den er gegen den »Aristokratismus« entschie-
den Partei nimmt (17). Daß Romano Guardini Dostojewskijs
radikale Kritik an einer großinquisitorischen Politik der Kir-
che abschwächt, gehört wohl in diesen Zusammenhang: Wenn
nicht gerade den Großinquisitoren, so doch den Herrschern
der Kirche traut er eher Menschenfreundlichkeit als Machtwil-
len zu (24).

In dem Zitat »Der Staat in uns« (18) begegnet mir einer der
»Briefe über Selbstbildung«, über die Romano Guardini sich in
der Zeit der Jugendbewegung mit mir beraten hat, – eine bewe-
gende Erinnerung. Man kann den Text als Appell zur staats-
bürgerlichen Tugend (wenn auch nicht Gefügigkeit) verstehen,
doch darf man ihn auch »basisdemokratisch« deuten. Auch sein
berühmter Satz »Die Kirche erwacht in den Seelen« war ja nicht
ein Bekenntnis zum Pietismus und zur kirchlichen Bravheit; in
den gläubigen Gliedern des Gottesvolkes existiert und lebt die
Kirche selbst. Ich neige also dazu, den Brief über den »Staat in
uns« analog basisdemokratisch zu interpretieren.

Die beiden Zitate zur Vernichtungspolitik des Naziregimes (22)
und zur Schuld des deutschen Volkes (23) gehören zu den mutigen
Aussagen, die der »Professor« als unbequemer Bekenner seinen
Studenten und uns allen zugemutet hat.

15 Neue Dimensionen der Politik

In unserer politischen Gesamtsituation ist etwas gegen früher
Neues und Entscheidendes eingetreten: Die Erde wird übersehbar. Sie wird zu einem geschlossenen Feld politischen Geschehens und Handelns. Natürlich wußte man immer, daß die Erde
eine umschriebene Fläche sei; daß sie Grenzen habe. Aber jetzt
erst – der Weltkrieg hat viel dazu getan – ist einer hinreichend
großen Menge Menschen bewußt geworden, daß es sich so
verhält. Jetzt spüren wir die Tatsache, daß wir in einem nicht
mehr ausdehnbaren Raum leben. [...]

Mir scheint, was »Politik« in der anspruchsvollen Bedeutung des Wortes meint, wird jetzt erst deutlich. Jetzt beginnt unsere äußere menschliche Existenz gleichsam unter einen Randdruck zu geraten, weil kein Ausweichen in Umliegendes mehr möglich ist; weil nun absolute Grenzen sind. Nun werden die Fragen des »Verhältnisses« ganz dringlich; das aber sind die eigentlichen politischen. Die Fragen: Wie die im geschlossenen Felde wirkenden Kräfte sich zueinander stellen; wo die wesentlichen Gliederungen und Ordnungen liegen. Daß nun die Erde als endgültig geschlossenes Feld von bestimmter Größe vor uns liegt, wird einen eigentümlichen Druck »von außen her« erzeugen, einen Randdruck, staatlich, wirtschaftlich, kulturell, ja seelisch. Dieser Druck wird alle wesenhaften Gliederungspunkte und Verhältnisformen zu ihrer eigentlichen Bedeutung hervortreiben; zu jeder, vor allem aber zu ihrer politischen Bedeutung: Menschheit, Kulturkreis, Volk, Persönlichkeit. Ja selbst Gemeinde, Familie – ich glaube nicht, daß irgend etwas davon »überholt« ist. Im Gegenteil, es wird als wesenhaftes Ordnungsprinzip hervorgedrängt werden. Ganz neue Probleme werden gestellt; neue Haltung und Kunst sind gefordert, um sie zu bewältigen. Wirklicher Politiker kann nur sein, wer die darin wirksamen Kräfte und Ordnungsformen in ihrem Verhältnis zueinander kennt; wer sie im Gespür trägt und damit zu arbeiten vermag.

Auch die verschiedenen Völker und Kulturbereiche treten uns ins Bewußtsein. Eine eigentümliche »kulturpolitische« Haltung bildet sich, welche Völker und Kulturbereiche in ihrer Besonderheit sieht und sich fragt, wie sie zueinander stehen. Immer häufiger begegnen wir Fragen wie dieser: Was geschieht, wenn die Inder mit ihrer eigentümlichen Geistigkeit zum Abendland in Arbeitsgemeinschaft treten? Früher empfand Europa die eigene Art als selbstverständlichen Maßstab schlechthin, und übte damit Kritik an anderen Kulturen. Jetzt nimmt es bereits die Kritik Asiens und Amerikas an, denn es spürt, daß diese berechtigt ist. Die Zeit des naiven Europäismus ist vorbei. Auf allen Gebieten, dem künstlerischen, sozialen, religiösen, spüren wir eine eigenartige Unsicherheit. Die unbedenkliche Selbstgenügsamkeit des Europäers ist erschüttert. Das Selbstbewußtsein des Orientalen erwacht. Haltung und Leistung des einzelnen Volkes rückt ins Licht einer Kritik aus dem Ganzen her. Alles Anzeichen dafür, daß sich die Vorstellung eines geschlossenen Feldes bildet, auf dem die verschiedenen Völker mit ihren Kulturen zusammenstehen und miteinander zu schaffen haben. [. . .]

Die alte Anschauung von einer »Welt«, von einem geschlossenen, geordneten und schön durchformten Kosmos versank, als sich der Menschengeist einer nach allen Seiten ins Unendliche hinausführenden Wirklichkeit gegenübersah. Die Anschauung einer umgreifbaren Welteinheit mußte verloren gehen. Nun kommt aber ein neues »Welt«-Gefühl herauf; freilich auf einer anderen Ebene. Wir spüren wieder Kosmos. Und zwar nicht als gedankliche Theorie, sondern unmittelbar, lebendig. Nicht so, daß eine umgreifbare, geschlossene Wirklichkeit durchspürt würde. Wir wissen, daß wir nach allen Seiten in Immer-Weiter-Gehendes eingewoben sind. Aber mir ist, als fühlten wir eine uns irgendwie zugewiesene Seinssphäre; einen Menschen-Raum, und ergriffen von ihm Besitz. Es ist wieder ein Kosmos, aber in einem neuen Sinne unabhängig von astronomischen Grenzen. Kosmos, vom Menschen her gesehen, als ihm zugewiesener Lebensraum. Als seinen Erkenntnis- und Schaffenskräften zugeordnetes Feld.

Zum Menschen stehen wir ähnlich. Wir kennen uns einigermaßen. Unser anatomischer, physiologischer, psychologischer Bestand steht uns doch in etwa übersehbar im Bewußtsein. Gewiß, gerade heute vollziehen sich neue Durchbrüche, wie überhaupt im Weltbild der bloße Mechanismus überwunden wird, und überall die außermechanischen Elemente hervortreten: Die Qualität in ihrer Unableitbarkeit neben der bloßen Quantität; die Gestalt, die nicht aus gleichförmigen Einheiten gebaut werden kann; das Lebendige, das nicht aus dem Toten, das Seelisch-Schöpferische, das nicht aus dem Vitalen, das Personale, das nicht aus Empfindung und Impuls abgeleitet werden kann – das alles schafft sich in unserem bisher nur mechanisch-mengenmäßigen Weltbild Raum. Die mechanische Komponente wird dabei nicht verdrängt, sondern die Aufgabe gestellt, zu sehen, zu denken, wie die mechanischen und die außermechanischen Ordnungen ineinander und durcheinander sind und wirken. Eine Aufgabe der Schau und der Gestaltung, so groß, wie sie das mechanische Weltbild nicht einmal ahnte. Das nämliche geschieht nun auch in unserem Bewußtsein vom Menschen. Die alten, von der mechanischen Körper- und Seelenauffassung verdrängten Vorstellungen drängen wieder hervor und fordern Einordnung. So in der Medizin, Psychologie, Pädagogik, Soziologie. Aber das alles kommt nicht als etwas Neues; es ist die alte, verdrängte Einsicht, die sich wieder Raum schafft. Worum es jetzt überall geht, im Bilde von der Welt, wie in dem vom Menschen, ist dies: Zu sehen, wie die Kräfte zueinander stehen. Quantität und Qualität; Rechnung und Schaffen; Maschine und Leben; Sache und Person. Im Einzelnen wie in der Gesamtheit.

Das wird freilich vom Menschen eine neue Haltung fordern. Einen neuen Sinn für Verhältnisse, für Maß und Grenzen, für Wechselbeziehung, Voraussetzung und Folge. Eine ganz neue Empfindung für Abstufung und Rang, ein Gefühl für Tragweite und Zusammenhang. Ich bin überzeugt: Wie einer vielleicht nicht fernen Zeit unsere politischen Methoden stümperhaft vorkommen werden, so wird die gleiche Zeit auch nicht begreifen, wie man in Fragen der Körper- und Seelenforschung, ich sage wohl richtiger der Menschenforschung, so massiv sein konnte, wie es das 19. Jahrhundert gewesen und das 20. vielfach noch ist. Eine ganz neue Kraft wird gefordert sein, Wirklichkeitsaspekte zusammenzusehen, Beziehungen zur Welt gleichzeitig in der Seele zu haben, die der heutige, oder gestrige Mensch einfach nicht zusammenbringt. Vielleicht wird das Wort »Mensch« [. . .] eine ganz neue Dynamik erhalten müssen.

Aus: Briefe vom Comer See, 1927, 41–51

16 Ja sagen zu unserer Zeit

Wir haben in wesensgerechter Arbeit das Neue zu durchdringen, um es zu meistern. Wir müssen Herr werden über die entfesselten Kräfte und sie zu einer neuen Ordnung bauen, die auf den Menschen bezogen ist. Das kann aber letztlich nicht von den technischen Problemen selbst her geschehen, sondern nur vom lebendigen Menschen. Wohl handelt es sich um technische, wissenschaftliche, politische Aufgaben; die aber sind nur vom Menschen her zu lösen. Ein neues Menschentum muß erwachen, von tieferer Geistigkeit, neuer Freiheit und Innerlichkeit, neuer Geformtheit und Formungskraft. So geartet, daß es das neue Geschehen bereits in der Faser seines Seins und in der Form seines Griffes trägt. So ungeheuer das Wissen ist, so riesenhaft der wirtschaftliche und politische Apparat, so gewaltig die Technik – an den Maßstäben lebendiger Wissenschaft, Wirtschaft, Politik und Technik gemessen, sind sie doch noch erst Rohmaterial. Was wir brauchen, ist nicht weniger Technik, sondern mehr. Richtiger gesagt: Eine stärkere, besonnenere, »menschlichere« Technik. Mehr Wissenschaft, aber geistigere, geformtere. Mehr wirtschaftliche und politische Energie, aber erwachsener, reifer, verantwortungsbewußter, die das Einzelne in den Zusammenhängen sieht, denen es zugehört. Doch alles das wird erst möglich, wenn der lebendige Mensch sich selbst im Bereich der sachlichen Natur zur Geltung bringt. Wenn er sie auf sich bezieht, und so erst wieder »Welt« schafft.

Wir haben aus einem ungeheueren Rohmaterial von Kräften und Stoffen aller Art wieder »Welt« zu schaffen. Einst stand der Mensch vor der ersten Aufgabe, sich der Natur gegenüber zu behaupten, die ihn von allen Seiten her gefährdete, weil sie noch nicht vom Menschen her bewältigt, und darum für ihn Chaos war. So begann die Erfüllung des Gebotes: »Bebauet die Erde und machet sie euch untertan.« Das Chaos – »Chaos« vom Menschen her gesehen – wurde zur Menschenwelt geformt. Im Maße dies geschah, im Maße der Mensch die Welt in Besitz nahm, und so vor ihr und in ihr sicher wurde, entband er durch eben dies sein Schaffen neue, durch die eigene Haltung und die geschaffene Weltform noch nicht gebändigte Kräfte. Die wuchsen heran, und nun haben sie sich zu einem neuen Chaos entfesselt. Wir stehen in der Spiral-Linie der Geschichte wieder über dem Punkt, wo für den anfänglichen Menschen die erste Aufgabe begann, »Welt« zu schaffen. Wir sind wieder bedroht von allen Seiten, freilich durch ein Chaos, das unserem eigenen Schaffen entsprungen ist.

Das Erste ist: Ja sagen zu unserer Zeit. Nicht durch »Rückkehr«, nicht durch Umkehr oder Ausstand, auch nicht durch bloße Änderung oder Verbesserung wird jene Frage gelöst. Nur aus ganz tiefem Ansatz her kann die Lösung kommen.

Aus: Briefe vom Comer See, 1927, 96 f.

17 Es muß möglich sein . . .

Es muß möglich sein, den Weg der Bewußtwerdung zu gehen, bis das Maß innerlich erfüllt, nicht aber durch äußere Einschränkung gesetzt wird. Doch zugleich eine neue Geborgenheit des Inneren zu gewinnen, unabhängig von dem, was in jener Bewußtwerdung verbrennt; eine Haltung der Ehrfurcht, die jenes Wissen trägt; eine neue Naivität in der Bewußtheit; ein Glaubenkönnen in der Skepsis.

Es muß möglich sein, die Illusionen fallen zu lassen, die Grenzen unseres Daseins ganz scharf gezogen zu sehen. Zugleich aber eine neue Unendlichkeit zu gewinnen, die aus dem Geiste hervorgeht.

Es muß möglich sein, die Aufgabe der Naturbeherrschung im zugewiesenen Maß zu lösen. Zugleich aber der Seele einen neuen Raum der Freiheit zu schaffen; das Leben zu unbeirrter Sicherheit sich selbst zurückzugeben. Und eine Haltung zu gewinnen, eine Gesinnung, eine neue Ordnung von lebendigen Maßstäben des Vornehmen und Verächtlichen, des Erlaubten und Unerlaubten, der Verantwortung, der Grenzen usw., durch welche die Gefahr gebändigt wird, die aus den zu jeder Zerstörung fähigen willkürlich verfügbaren Naturkräften kommt.

Es muß möglich sein, den alten Aristokratismus der kleinen Zahl verschwinden zu sehen; der Tatsache der Masse statt zu geben; der Tatsache, daß Jeder dieser Vielen sein Recht auf Leben und Güter hat. Zugleich aber die Masse aus ihr selbst zu gliedern, und zu einer neuen Rangordnung von Wert und menschlichem Sein zu kommen.

Es muß möglich sein, den Weg des Technischen zum sinngemäßen Ziel zu gehen, die technischen Mächte in ihrer ganzen Dynamik sich entfalten zu lassen, auch wenn dabei die alte organische Ordnung zerfällt. Zugleich aber eine neue Ordnung, einen neuen Kosmos von einem diesen Mächten gewachsenen Menschentum her zu schaffen.

Es muß möglich sein – ist es das aber auch wirklich? Auf der alten menschlichen Ebene, auf der wir stehen, nicht. Daher die tiefe Ratlosigkeit überall. Überall sind Besorgte, Verantwortungsbedrückte, Eifrige vom Alten her am Werk, aber man spürt die Ohnmacht. Die entfesselten Gewalten sind nur von einer neuen Ebene her zu bewältigen, von einem neuen Beziehungspunkt her, und aus einem neuen Bilde. Das alles entspringt aber nicht aus Systemen und Ideen, sondern nur aus dem Menschen selbst. Es geht darum, daß eine neue, freie, starke und geformte Menschlichkeit erwache, die jenen Mächten gewachsen ist.

Aus: Briefe vom Comer See, 1927, 98f.

18 Politik: Staat in uns

Wenn der führende Politiker weiß, daß er aus dem Ganzen des Volkes heraus schafft und ihm zur Tat hilft; und wenn das Volk weiß, daß es solche tatkräftigen Einzelnen braucht, sie erkennt und ihnen vertraut. Politisch handeln heißt, so handeln, daß ein solches Volk und ein solcher Staat werde.

Das waren große Ziele, und wir sehen, daß von solchem Volk und Staat nicht allzuviel da ist. Warum? Weil alles im Allgemeinen bleibt; Reden und Begeisterungen, und alles vernebelt. Weil man nicht nahe herangeht dorthin, wo sie Tat werden können. Wo liegt das Wirklichkeitsfeld, in dem aus Ziel und Idee Tat und Gestalt wird?

Das Parlament hält Sitzung. Wichtige Dinge stehen auf der Tagesordnung. Ein Abgeordneter legt seine Ansicht dar. Dann spricht einer aus der Gegenpartei, und der reißt alles herunter, was sein Vorredner gesagt hat. Kein sachliches Prüfen. Er hat sich gar keine Mühe gegeben, richtig zu verstehen. Er haut drauf los; reißt Sätze aus dem Zusammenhang; übertreibt Ansichten und Urteile; spottet, verdächtigt die Gesinnung des Gegners. Kaum läßt die Rednerliste es zu, so antwortet der Angegriffene, und zwar in der gleichen Tonart, nur um etliche Grade schärfer. Andere reden dazwischen; kümmern sich vielleicht überhaupt nicht um den Gegenstand, den jener erste angeschnitten hat, sondern fahren mit einer ganz anderen Sache in die Quere – bis man nach einigen Reden gar nicht mehr weiß, wohin eigentlich die Linie der Erörterung führt. Oder aber sie nehmen Partei für diesen oder jenen; schließlich geht alles wild durcheinander, und vielleicht endet die Aussprache, zu der das Volk die Männer seines Vertrauens gesandt hat, in einem wüsten Lärm.

Man schämt sich, wenn man derartiges in den Sitzungsberichten liest. Und man bekommt noch Schlimmeres zu lesen! Man spürt die Schmach. Wer hat denn die Abgeordneten in das Parlament gesandt? Wir! Unsere Sache sollen sie vertreten! Solches Verhalten entehrt also uns. Aber wir spüren noch mehr: Wenn derartiges geschieht, dann ist hier kein Volk, und ist kein Staat. Hier kommt nicht das Fragen und Suchen und die Not des Volkes zur Aussprache. Hier wirken sich nicht seine Kräfte aus. Hier wird nicht gesagt, gehört, gewogen, und aus dem Zusammenarbeiten der Einzelnen heraus die Sache aller tiefer verstanden. Sondern es ist ein rechthaberisches Wesen von beschränkten und zuchtlosen Einzelnen. Solche geben sich nicht Mühe, den andern richtig zu verstehen. Hier wölbt sich keine Einheit. Wo es so zugeht, bleibt alles Trümmer. Da kommt kein Wille des Volkes zustande. Da treten nicht die verschiedenen Interessen und Richtungen heraus, messen sich aneinander, wägen ihre Bedeutung, bis durch besonnenen und zuchtvollen Ausgleich ein Gesamtwille heraustritt. Hier schließen sich die Richtungen und Kräfte nicht zu einem starken, klar gerichteten Keil zusammen, der voranstoßen kann, und in dem das Volk handelt. Es ist ein armseliges Gezerre ohne Klarheit und Zucht!

Jene beiden, die gegeneinander standen, hätten »Volk« sein sollen! Dafür waren sie hergeschickt. Sie haben verschiedene Gesichtspunkte vertreten; das war natürlich. Der eine kam von der Landwirtschaft, der andere von den Arbeitern. Aber jeder hätte sich bewußt sein sollen: »Ich bin für das ganze Volk da; und der drüben auch. Zusammen wollen wir erkennen, was für dieses Volk gut ist. Und was in ihm lebt, wollen wir zu starker Tat zusammenschweißen.« Das wäre Volk gewesen und Volk im Staat. So aber haben sie Staat verspielt, Staat zerstört. Nein, es war eigentlich noch schlimmer: Sie haben überhaupt keinen gehabt, nicht Staat, nicht Volk! Bloß Leute haben sich da gezankt, sonst nichts. Sie haben gar nicht zusammengestanden in einer Ordnung von Zucht, Vernunft, Gerechtigkeit und schaffendem Willen, was alles »Staat« heißt. Als staat-lose, als volk-lose Menschen haben sie dagestanden. Als Barbaren, würde ein Grieche gesagt haben. Jeder hat von vornherein den andern für unwissend, dumm, schlecht gehalten, sonst hätte er nicht so reden können. Mit solchen Augen haben sie einander gesehen, mit solchen Gedanken gedacht, mit solchen Worten gesprochen. Und die Wirkung war, daß sie noch so und so viel andere in diese Staatlosigkeit und Volklosigkeit, das heißt in diese Barbarei hereingezogen haben.

Warum ist keine große, gemeinsame Überzeugung in unserem Volk? Warum kein großer, gemeinsamer Wille? Es gibt viele Gründe dafür. Uns geht dieser an: Weil der Abgeordnete X und der Y im Parlament in solcher Weise miteinander gesprochen haben! Darum? Gewiß! Denn diese beiden Abgeordneten reden wahrscheinlich nicht nur heute so, sondern morgen ebenfalls, und die nächste Woche, und die ganze Sessionszeit hindurch. Und leider bleibt's nicht nur bei den Abgeordneten X und Y, sondern es geht durch manche Buchstaben des Alphabets hindurch! Und nicht nur bei Abgeordneten kommt es vor, sondern auch bei ganzen Parteien, wenn sie miteinander sprechen. Unter Beamten ist solche Haltung auch nicht ganz ungewöhnlich; so mancher Schriftwechsel und so manche Sitzung bezeugen es. Und wenn wir vollends in die Welt der Zeitung eintreten, so mutet es uns oft an, als gehe immer der eine mit Zähnen und Nägeln gegen den anderen an . . . Darum ist kein Volk und kein Staat!

Aber bleiben wir beim Abgeordneten. Wenn einer gewählt wird, was müßte da seine erste Überlegung sein? Seine grundlegende Überzeugung? Diese: »Ich bin geschickt, nicht nur von meiner Partei, sondern vom ganzen Volk. Ich habe mitzuarbeiten, daß im Volk eine richtige und lebendige Überzeugung werde über das, was ehrenvoll und nützlich ist. Daß im Volk klarer und zielbewußter Wille erstehe. Daß es mit wachem Geist und gespannter Kraft im Staat lebe und schaffe. Aber ich bin nicht allein da. Andere sind auch noch da. Es gibt nicht nur meine Überzeugung. Auch nicht nur die meiner Partei. Es gibt noch andere Parteien. Die haben auch ihre Sprecher gesandt, und jeder von ihnen steht ebenfalls für das ganze Volk. Jeder bringt Erfahrungen mit; jeder sieht Richtiges; jeder ist begrenzt und irrt. Und nun besteht meine Aufgabe gerade darin, diese Fülle von Einsichten, Zielsetzungen und Willenskräften zu einer lebendigen Einheit zusammenzufassen. Zur Einsicht des Volkes; zum Willen des Volkes . . .« So müßte er denken! Der Staat soll ja unser Werk sein; nicht nur eine Schachtel, in die wir hineingesetzt sind.

Aus: Briefe über Selbstbildung, 1930, 163–165

19 Die neuzeitliche Verselbständigung der Macht

Der neuzeitliche Mensch ist der Meinung, jede Zunahme an Macht sei einfachhin »Fortschritt«; Erhöhung von Sicherheit, Nutzen, Wohlfahrt, Lebenskraft, Wertsättigung. In Wahrheit ist die Macht etwas durchaus Mehrdeutiges; kann Gutes wirken wie Böses, aufbauen wie zerstören. Zu was sie tatsächlich wird, hängt davon ab, wie die Gesinnung ist, die sie regiert, und der Zweck, zu dem sie gebraucht wird. Bei genauer Prüfung zeigt sich aber, daß im Laufe der Neuzeit zwar die Macht über das Seiende, Dinge wie Menschen, in einem immer ungeheuerlicheren Maße ansteigt, der Ernst der Verantwortlichkeit aber, die Klarheit des Gewissens, die Kraft des Charakters mit diesem Anstieg durchaus nicht Schritt halten. Es zeigt sich, daß der moderne Mensch nicht zum richtigen Gebrauch der Macht erzogen wird; ja daß weithin sogar das Bewußtsein des Problems fehlt, oder sich doch auf gewisse äußere Gefahren beschränkt, wie sie im Kriege deutlich geworden sind und durch die Publizistik erörtert werden.

Das bedeutet, daß die Möglichkeit, der Mensch werde die Macht falsch gebrauchen, beständig wächst. Da es ein wirkliches und wirksames Ethos des Machtgebrauchs noch nicht gibt, wird die Neigung immer größer, diesen Gebrauch als einen Naturvorgang anzusehen, für welchen keine Freiheitsnormen, sondern nur angebliche Notwendigkeiten des Nutzens und der Sicherheit bestehen.

Mehr: die Entwicklung macht den Eindruck, als ob die Macht sich objektiviere; also ob sie im Grunde überhaupt nicht mehr vom Menschen innegehabt und gebraucht werde, sondern sich selbständig aus der Logik der wissenschaftlichen Fragestellungen, der technischen Probleme, der politischen Spannungen weiterentfalte und zur Aktion bestimme.

Ja, das bedeutet, daß die Macht sich dämonisiert. Das Wort ist zerredet und zerschrieben, wie alle für das Dasein des Menschen wichtigen Worte; so muß man sich, bevor man es braucht, auf seinen Ernst besinnen. Es gibt kein Seiendes, das herrenlos wäre. Sofern es Natur ist – das Wort im echten Sinn der nicht-personalen Schöpfung gemeint – gehört es Gott, dessen Wille sich in den Gesetzen ausdrückt, nach welchem die Natur besteht. Sofern es im Freiheitsbereich des Menschen erscheint, muß es einem Menschen gehören und von ihm verantwortet werden. Geschieht das nicht, dann wird es nicht wieder zu »Natur« – fahrlässige Annahme, mit welcher, mehr oder weniger bewußt die Neuzeit sich tröstet; es bleibt nicht einfach disponibel, auf Vorrat gleichsam, sondern etwas Anonymes ergreift von ihm Besitz. Drücken wir es psychologisch aus: es wird vom Unbewußten her regiert, und das ist etwas Chaotisches, in welchem die Möglichkeiten des Zerstörens mindestens ebenso stark sind wie die des Heilens und Aufbauens. Das ist aber noch nicht das Letzte. Von der Macht des Menschen, die nicht durch sein Gewissen verantwortet wird, ergreifen die Dämonen Besitz. Und mit dem Wort meinen wir kein Requisit der augenblicklichen Journalistik, sondern genau das, was die Offenbarung meint: geistige Wesen, die von Gott gut geschaffen sind, aber von Ihm abgefallen; die sich für das Böse entschieden haben und nun entschlossen sind, seine Schöpfung zu verderben. Diese Dämonen sind es, welche dann die Macht des Menschen regieren; durch seine scheinbar natürlichen, in Wahrheit so widersprüchigen Instinkte; durch seine scheinbar folgerichtige, in Wahrheit so leicht beeinflußbare Logik; durch seine unter aller Gewalttätigkeit so hilflose Selbstsucht. Wenn man ohne rationalistische und naturalistische Vorentscheidungen das Geschehen der letzten Jahre betrachtet, dann reden seine Art des Verhaltens und seine geistig-seelische Stimmung deutlich genug.

Das alles hat die Neuzeit vergessen, weil der Empörungsglaube des Autonomismus sie blind gemacht hat. Sie hat gemeint, der Mensch könne einfachhin Macht haben und in deren Gebrauch sicher sein – durch irgendwelche Logik der Dinge, die sich im Bereich seiner Freiheit ebenso zuverlässig benehmen müßten, wie in dem der Natur. So ist es aber nicht. Sobald eine Energie, ein Material, eine Struktur, was es auch sei, in den Bereich des

Menschen gelangt, bekommt es darin einen neuen Charakter. Es ist nicht mehr einfach Natur, sondern wird zu einem Element der menschlichen Umwelt. Es gewinnt Anteil an der Freiheit, aber auch an der Ungeschütztheit des Menschen, und wird dadurch selbst vieldeutig, Träger von Möglichkeiten positiver wie negativer Art.

Aus: Das Ende der Neuzeit, 1950, 95–97

20 Die Möglichkeit der Macht

Zum Wesen des Menschen gehört die Möglichkeit der Macht. Macht ist etwas anderes als bloße Energie. Eine solche begegnet uns als Maschine, in welcher eine Energie der Natur auf Grund bestimmter Prinzipien erfaßt und in die gewollte Richtung gelenkt wird ... Die Naturenergie kehrt in anderer Form im Organismus wieder; nur tritt hier als neues Moment die Innerlichkeit des Lebendigen hinzu, in welcher die Energie aus aufgenommener Nahrung usw. erzeugt und zum Aufbau und zur Betätigung des Lebens verwendet wird. Weder im ersten noch im zweiten Fall reden wir von Macht. »Macht« ist erst dann gegeben, wenn sie mit Freiheit verbunden ist; die aber hat nur der Mensch. In der Freiheit hebt der Mensch sich aus dem allgemeinen Umsetzungsprozeß der Natur heraus, tritt ihm gegenüber, versteht und verwendet ihn nach seinen Zwecken. Soviel er das kann, soviel hat er Macht. In den letzten Jahrzehnten haben wir ihr Phänomen in ungeheuerlichen Maßen sich entfalten gesehen: als wissenschaftlich-technische, politische Macht usw. Und nun: Was könnte diese Macht erreichen, wenn sie sinngemäß gebraucht würde; verbunden mit jenen Werten, mit denen das sittliche Denken der Menschheit sie immer zusammengefaßt hat: der Gerechtigkeit und der Liebe zum Lebendigen! Welche Größe und Schönheit könnten Gewinn und Gebrauch der Macht haben! Blicken Sie aber mit klaren Augen und sauberem Gefühl auf die

Weise, wie in den letzten fünfzig Jahren Macht gebraucht worden ist: auf die Ungeheuerlichkeiten der Zerstörung, die nicht auszudenkende Häufung von Verbrechen, die absolute Gefährdung der menschlichen Existenz – Gefährdung aber nicht schon deshalb, weil gewaltige Energien frei werden, sondern weil der Mensch, in dessen Hand sie kommen, so ist, wie er ist: kopflos, eitel, herrschaftsgierig, gewalttätig, unehrlich gegen andere und gegen sich selbst. Ist dieser ungeheuerliche Mißbrauch der Macht das Ursprüngliche? Man muß durch den faktischen Zustand blind geworden sein, um das behaupten zu können. Das alles ist eben nicht in Ordnung; und nicht nur, weil dieses oder jenes falsch gemacht worden wäre, sondern weil in das Phänomen der Gewinnung, Beherrschung, Verwendung der Macht etwas hineingekommen ist, das an der Wurzel beirrt: eine Verstörung des Verhältnisses zur Macht einfachhin.

Aus: Die Existenz des Christen, 1976, 210 f.

21 Technisch-maschinelle Unmenschlichkeit des Staates

Die politische Rechnung des Staates verbindet sich mit der Technik – das Wort im weitesten Sinne für wissenschaftlich ausgebaute Apparatur genommen – und geht über jede durch göttliche Hoheit und menschliche Würde gezogene Grenze hinweg. Jede Achtung vor Wahrheit und Gerechtigkeit, vor gegebenem Wort und erworbenem Anspruch, vor Gewissen und Überzeugung wird weggetan, und zwar grundsätzlich. Lebensrecht und Glücksanspruch des Menschenwesens, Not und Leiden werden wesenlos. Der Mensch wird nur als etwas gesehen, das Wirkungen hervorbringt, nützliche oder schädliche, und seinen Sinn ausschließlich in diesen Wirkungen hat. *Hierin liegt das furchtbar Neue.* Nicht einfach schon im sittlichen Unrecht, im Gewaltgeist, in der Grausamkeit – das alles hat es früher auch

63

schon gegeben. Aber es hat sich immer noch irgendwie innerhalb des als Norm anerkannten Menschlichen ausgewirkt. Die neue Haltung überschreitet die Grenze. Sie streicht die Persönlichkeit des Menschen aus. Sie tritt jenseits von Gut und Böse und erreicht damit etwas, das noch furchtbarer ist als das Böse; das unter keine Kategorie mehr fällt, weil es die Ansatzstelle jeder ethischen Beurteilung, nämlich die Person, grundsätzlich auslöscht.

Sie nimmt den Menschen als Sache. So vermag sie sich auch mit der objektivierten Sachlichkeit, nämlich der Maschine, zu verbinden. Durch sie wird mit dem Menschen sachhaft, als mit einem bloßen Objekt, verfahren. [...] Er hat keinen Anspruch auf irgendein Recht, weder der Ehre, noch der Überzeugung, noch der Freiheit, noch des Lebens, keines. Er ist nur Ding ...

Diese Art zu denken und mit dem Menschen umzugehen; dieses Ausstreichen jedes menschlichen Anspruchs, verbunden mit den Methoden exakter Rationalität und technischer Präzision – das ist der neue Faktor der Geschichte.

Das ist die Gefahr, die droht, tiefer, zerstörender als alle Atombomben und Bakterienwaffen zusammen. Auf sie richtet sich jenes Grauen, das unter allen einzelnen Ängsten heraufdringt: vor der offen bejahten, rational begründeten, mit allen Mitteln administrativer und maschineller Technik arbeitenden Unmenschlichkeit.

Das alles ist nicht aus dem Leeren gekommen. Eine lange, im Beginn der Neuzeit ansetzende Entwicklung führt darauf zu.

Nicht in dem Sinne, daß es sich mit Notwendigkeit ergäbe; solche Notwendigkeiten gibt es nicht. Der Begriff der notwendig ablaufenden historischen Prozesse ist selbst schon ein Mittel totalitärer Staatstechnik. Er ist falsch; nein, er ist unsittlich. Alle, auch die umfassendsten geschichtlichen Vorgänge beginnen mit personalen Entscheidungen, und diese sind frei. In allen, auch den mächtigsten Vorgängen bleibt die Freiheit, sich der wirkenden Tendenz zu ergeben oder ihr – und sei es auch nur innerlich – zu widerstehen; sie im positiven oder im negativen Sinne zu verwirklichen. Wohl aber zeigt sich eine Tendenz zu einer solchen

Auffassung staatlichen Handelns, und wir haben alle Veranlassung, uns ihrer bewußt zu werden. Verschiedene Momente wirken zusammen, um sie zu erzeugen.

Vor allem werden die wirtschaftlichen, sozialen, technischkulturellen Aufgaben immer gewaltiger. Sie übersteigen die Möglichkeiten des individuellen Handelns – um so mehr, als immer deutlicher das globale Wirkfeld hervortritt, und es daher immer dringlicher wird, die verschiedenen Initiativen zueinander in Beziehung zu setzen.

Dazu kommt die weitere Tatsache, daß die sachlichen wie menschlichen Gegebenheiten immer verfügbarer werden. Die verschiedenen Techniken der Kenntnisnahme; die Bewußtwerdung der Wirklichkeiten, die es gibt, und der Möglichkeiten, die in ihnen liegen; der Apparat der Verwaltung, der sich dieser Möglichkeiten bemächtigt, und der öffentlichen Macht, welche das Private verdrängt – alles das wird immer stärker und genauer. So wird es immer leichter, Menschen und Dinge zu beherrschen, und das Bild einer einheitlichen Initiative tritt immer suggestiver ins Bewußtsein.

Diese Initiative verbindet sich immer selbstverständlicher mit dem Begriff des Staates. Er erscheint als ihr gegebener Träger. Der neuzeitliche Autonomismus, wonach jeder Kulturbereich sich aus seinen eigenen Gesetzen heraus aufbauen soll, treibt den Staat, zum restlosen Staat zu werden: zur Organisation aller politischen Macht; zum Subjekt jedes geschichtlichen Handelns. Er fühlt sich souverän sogar vor den sittlichen Maßstäben. So entsteht eine Handlungsform, die scheinbar rein sachlich, in Wahrheit aber normlos ist.

Und endlich: Das Bewußtsein einer göttlichen Hoheit, vor welcher das geschichtliche Tun Rechenschaft abzulegen hat, und in deren Bereich das irdische Dasein erst seinen letzten Sinn findet, verblaßt. Damit ist nicht gesagt, daß die Einzelnen irreligiös würden; aber das öffentliche Bewußtsein als solches sieht immer mehr von einer religiösen Orientierung ab. Es zieht sich auf das Innerweltliche zurück und preßt das ganze Dasein ins rein Irdische zusammen.

Aus alledem entsteht die Vorstellung, der Staat müsse zu seiner das ganze Leben erfassenden und formenden Initiative freie Hand haben.

Damit ist – noch einmal zu betonen – durchaus nicht gesagt, diese Initiative *müsse* sich im totalitären Sinne verwirklichen. Im Gegenteil, hier ist die Entscheidung unserer geschichtlichen Stunde gestellt: ob diese äußerste Handlungsfähigkeit sich selbst als bloße Machtleistung, oder aber als sittliche Aufgabe versteht.

Die Vorstellung, der Staat habe keine Normen über sich, sondern handle nach rein politischer Zweckmäßigkeit, hat aber eine ungeheure Verlockungskraft. Und wir haben allen Anlaß, zu prüfen, wie weit das neuzeitliche Denken bis in die Gipfel der philosophischen Theorie hinauf dieser Versuchung erlegen ist. Das aber nicht nur in Europa – und in Europa nicht nur in Deutschland. Es ist beunruhigend, wie sehr man in anderen europäischen Ländern und außerhalb Europas dazu neigt, sich vor dieser Gefahr sicher zu fühlen und das, was in Deutschland geschehen ist, als ein bloß deutsches Unrecht und Unheil anzusehen. Das könnte zur Blindheit werden und eine Staatshaltung entstehen lassen, die scheinbar demokratisch, in Wahrheit aber doch totalitär wäre.

Aus: Verantwortung, 1954, 20–24

22 Moderne Vernichtungstechniken sind ein Verbrechen

Worin besteht also der Tatbestand, um den es sich hier handelt?

Darin, daß eine große Anzahl von Menschen, die keine Schuld auf sich geladen hatten, um Ehre, Eigentum und Leben gebracht worden sind.

Ein Teil von ihnen gehörte außerdeutschen Staaten an: Frankreich, Italien, Holland, Polen und anderen noch. Was diesen geschah, ging, vom Menschlichen ganz abgesehen, gegen das elementarste Völkerrecht.

Andere waren Bürger des deutschen Staates, standen also zu ihm im Verhältnis von Recht und Pflicht. Sie wurden durch eben diesen Staat entehrt, beraubt, mißhandelt, getötet.

Die Zahl war sehr groß. Ich will keine Ziffern diskutieren; ernsthafte Berechnungen sprechen von mehreren Millionen. Auf jeden Fall war sie so groß, daß der Vorgang im unmittelbarsten Sinne das Ganze, die res publica, ergriff.

Man könnte erwidern, in diesen Dingen spiele die Zahl überhaupt keine Rolle. Geschehe dergleichen auch nur einem einzigen Menschen, dann geschehe im Wesen das nämliche, als wenn es sich um Millionen handle. Das wäre richtig; trotzdem begründet die große Zahl einen Unterschied. Durch sie wurde offenkundig, *daß es um Staat und Volk als solche ging; um die Weise, wie der Staat sich selbst und wie er sein Verhältnis zum Volk verstand.*

Dazu kommt aber etwas anderes, und das geht über alles nur Quantitative hinaus ins Wesenhafte.

Die angeführten Handlungen sind nicht im Affekt, oder in der Bedrängnis großer Gefahr geschehen. Sie sind vielmehr aus einer Theorie hervorgegangen, die genau durchdacht und zum Programm erhoben worden war. Und sie sind in systematischer Weise vollzogen worden; durch eine nach allen Seiten hin ausgebaute Apparatur der Aufspürung, Ergreifung und Vernichtung jener Menschen, auf die es abgesehen war. [. . .]

In den Jahren 1933 bis 1945 ist diese Art des politischen Denkens und Handelns zum erstenmal grell und scharf hervorgetreten . . .

Im Bereich Ihrer persönlichen Erfahrung ist Ihnen sicher schon einmal Folgendes aufgefallen: Da waren in einem bestimmten Zustande – einer Freundschaft, einer Familie, einer Betriebsgemeinschaft – gewisse Tendenzen wirksam; sie traten aber nicht deutlich in Blick und Gefühl, sondern blieben unbestimmt, oder unbenannt, oder wie man diese zwar starke, aber nicht zu fassende Wirksamkeit bezeichnen will. Dann ereignete sich irgend etwas – ein Unglück, ein Streit oder was immer – daran verdichtete sich das undeutlich Wirkende und trat ins klare

Bewußtsein. Der Vorgang hatte den Charakter eines Symbols, das aufhellte, was im ganzen Zustand vor sich ging. Entsprechendes kann sich auch im Raum der Gesamtgeschichte ereignen. Ein solches war zum Beispiel die Explosion der Atombombe über Hiroshima. Von ihr ab war es für einen Erkenntniswilligen nicht mehr möglich, zu übersehen, was »Technik« in Wahrheit bedeutet: nämlich ebensoviel Bedrohung wie Förderung. Wer seitdem noch von einem gesicherten Fortschritt als Inhalt des Geschichtsganges spricht, ist blind oder will nicht sehen.

Ein solches, die geschichtliche Stunde aufhellendes Symbol war auch die systematische Ausrottung der Juden. In ihr ist nicht nur das Verhältnis von Recht und Pflicht, auf welchem jedes Staatsleben ruht, gebrochen, sondern *jedes Recht ist grundsätzlich aufgehoben worden. Denn Recht besteht absolut, für jede Person als solche, oder es besteht überhaupt nicht.* Ein ganzer Volksteil wurde zum bloßen Objekt eines Verfahrens herabgewürdigt. Dieses Verfahren war mit vollem Bewußtsein auf die Ausrottung ausgerichtet. Und wenn es auch seine äußerste Verschärfung erst von einem bestimmten Zeitpunkt ab erfuhr, während des Krieges, als bestimmte Kreise die innenpolitische Führung in die Hand bekamen, so ruhte es doch auf einer vom Staat zur offiziellen Doktrin erhobenen Lehre.

Sehen Sie die Bedeutung des Vorgangs?

Vor allem die eines überhaupt nicht zu ermessenden Unrechts?

In keiner Weise kann das, was da geschehen ist, mit der Vernichtung des Feindes im Krieg, oder der Hinrichtung des Verbrechers nach gültigem Urteil verglichen werden. Es ist etwas ganz anderes.

Es ist ein Vorgang, der nur unter den Begriff des Verbrechens fällt – deshalb, weil hier von einem ethisch-rechtlichen Prinzip überhaupt keine Rede sein kann. Weil die Handlung sich nicht gegen das Vergehen eines Menschen richtet, um es zu bestrafen; oder gegen sein Tun, weil es die Allgemeinheit gefährdet; sondern gegen seine Existenz als solche.

Dieser Vorgang wächst aber über das Faktische hinaus ins Grundsätzliche, *denn er wird zum Vorbild jenes staatlichen Ver-*

haltens, von welchem die Rede war. Dadurch wird gesagt, daß der Staat nichts mit Recht zu tun habe. Daß er Staat bleibe, auch wenn er solche Dinge tue. Und daß er daher jederzeit wieder ein solches Verfahren anwenden und jeder Volksteil, welcher der die Staatsapparatur beherrschenden Gruppe »unerwünscht« scheint, davon betroffen werden könne.

Das bedeutet aber, daß jeder von uns in seinem Leben bedroht ist, und sich vorsehen muß – vorher aber, daß er in seiner sittlichen Verantwortung angerufen und zur Sellungnahme aufgefordert ist. Denn hier – man kann das gar nicht nachdrücklich genug betonen – handelt es sich nicht um »Entwicklungen«, die den Charakter der Notwendigkeit hätten. Der Gedanke, die Geschichte bilde einen Prozeß, der mit der Unentrinnbarkeit eines Gesetzes vor sich gehe, ist selbst ein Mittel jener Zerstörung des Menschlichen, die sich hier vollzieht. Durch ihn bekommt der absolute Staat eine metaphysische Sanktion. Durch ihn wird dem Einzelnen der Mut zu seiner personalen Selbstbehauptung gebrochen. Durch ihn wird eine Suggestion ausgeübt, welche den Anspruch auf menschliche Würde als Unrecht erscheinen läßt. Der Gedanke ist aber falsch. Nein, er ist unsittlich. Es gibt keinen die Freiheit aufhebenden Geschichtsprozeß. Was es gibt, ist ein Wandel in den objektiven Bedingungen, welche der Freiheit das Feld vorgeben, auf dem sie sich zu realisieren hat; immer aber ist sie da, kann sich entscheiden und bestimmt jeweils selbst die Bedingungen für die nächste Entscheidung mit.

Davon ist hier die Rede.

Aus: Verantwortung, 1954, 12f., 26–29

23 Die Schuld der res publica

Wie ungeheuerlich der Vorgang war, zeigt sich an der Weise, wie das deutsche Volk seit dem Krieg sich zu ihm verhalten hat. Es ist ein Anlaß zu tiefster Beunruhigung, wie wenig ihm zu Bewußtsein gekommen ist, was sich da eigentlich zugetragen hat, und was das Geschehene für seine, des deutschen Volkes, ganze Existenz bedeutet.

Wie konnte es einfach weiterleben, als ob das alles nicht geschehen wäre? ... Daß es noch Menschen gibt, die jene Dinge leugnen; die sie verteidigen; die jene, denen so ungeheuerliches Unrecht geschehen ist, moralisch ins Unrecht zu setzen suchen – das alles ist sehr schlimm, man kann es aber verstehen. Und zwar aus der Psychologie dessen heraus, der eine Schuld fühlt, sich ihr aber nicht stellen will. So versucht er, sich zu rechtfertigen. Versucht den, an dem er schuldig geworden ist, selbst zum Schuldigen zu machen. Ja, in ihm erwacht ein eigentümlicher Haß gegen jenen, an dem er zum Schuldigen geworden ist. Was wir meinen, liegt aber tiefer. *Es ist, als ob das Gewissen der Allgemeinheit vor der Furchtbarkeit des Geschehenen ratlos stünde.* So sitzt dieses wie ein stummer Block in ihrem Gemüt; unbewältigt und gefährlich.

[...] Auf jeden Fall wird dadurch allein das eigentümliche Verstummen des deutschen Volkes nicht erklärt, von dem man doch gewiß nicht sagen kann, es sei gewissensmäßig weniger begabt oder weniger ernst als andere Völker.

Hier ist anderes. Sein Verhalten macht den Eindruck, als ob es noch nicht im Besitz der Kategorien wäre, unter denen das Geschehene ethisch zu bewältigen ist, und es deshalb aus dem Bewußtsein verdrängte. Der Grund aber dafür scheint in der Tatsache zu liegen, die wir bereits hervorhoben: daß etwas geschehen ist, was es bis dahin in der Geschichte noch nicht gegeben hat. [...]

Welcher Art war das Unrecht, das da begangen wurde, und welche Begriffe vom Wesen und Recht des Staates liegen ihm zu Grunde?

Und weiter: *Wie können wir das Geschehene aufarbeiten, damit es nicht wie ein inneres Gift weiterwirke und zum Schema für Kommendes werde?* [...] Das Wort [Kollektivschuld] ist nicht nur sinnlos, sondern hat viel dazu beigetragen, die Gewissen von der wirklichen Verantwortung wegzudrängen. Es gibt keine Kollektivschuld. Nie kann das, was einer tut, dem anderen zur

Schuld werden, wenn er nicht dabei mitwirkt oder doch unterläßt, was er dagegen tun könnte. Etwas anderes aber gibt es, und darum geht es hier: das ist die Solidarität des Einzelnen mit seinem Volk. [...]

Aus unmittelbarem Gefühl heraus weiß jeder recht geschaffene Mensch sich mit dem Leben seines Volkes verbunden. Diese Verbundenheit bildet ein Wesenselement des geschichtlichen Daseins. Jeder empfindet das Große, das im Volk geschehen ist, als ihm mit gehörig. So muß er auch das Unrecht, das da geschieht, in seine Verantwortung aufnehmen. Es trifft seine Ehre, und er ist gehalten, das Seine zu tun, damit es in Ordnung komme.

Das muß geschehen, denn Unrecht darf nicht stehen bleiben. Es muß aufgearbeitet werden.

Einmal sittlich, weil es Unrecht ist; weil es die Hoheit des Guten verletzt. Das Gewissen weiß das, unmittelbar. Mensch sein heißt, von diesem Wissen geadelt und belastet sein.

Die Aufarbeitung muß aber auch aus einem anderen Grunde geschehen: deshalb, weil Unrecht real ist; eine Macht, die, wenn sie nicht bewältigt und neu eingeordnet wird, weiterwirkt.

Die Denkweise, aus welcher die nach-neuzeitlichen Vernichtungsaktionen hervorgehen, ruht auf folgendem Gefühl: Wenn sie geschehen und die gewollten Zwecke erreicht sind, dann ist das, was da getan und erlitten worden, nicht mehr da. Die Menschen, die getötet wurden, sind weg. Die Gewalt, die von der Ehre, die Qual, die vom Leben des Leibes und der Seele erlitten wurde, sind verschwunden. Geschehen-Sein ist gleich Null-Sein. Nur die gewollte Wirkung bleibt übrig – und allenfalls die Notwendigkeit, mit irgendwelchen Gegenaktionen rechnen zu müssen. Aber dann war die Sache falsch gemacht; denn eine richtig durchgedachte und durchgeführte Aktion – das hat schon Machiavelli gesagt – läßt keine Reste hinter sich; also muß die nächste noch kälter, noch erbarmungsloser, noch unmenschlicher durchgeführt werden.

Dabei wird aber übersehen, daß der Mensch nicht nur ein biologisches Wesen, sondern Person ist – deshalb, weil die absolute Person, Gott, ihn angerufen und in seine Verantwortung gestellt hat. Und da die Geschichte ein Geschehen durch Personen und an Personen ist, geht sie bis ins Innerste hinein falsch, wenn dieser personale Charakter ignoriert wird. Der Totalitäre sieht solche Gedanken für Unsinn an; er irrt sich aber in verhängnisvollster Weise. Er kennt von der Wirklichkeit nur, was man greifen und messen kann. Der wirkliche Realist weiß, welche Macht das Geistige ist.

Abgesehen davon, war aber das Geschehene nicht nur in dem real, der es erlitten, sondern auch in dem, der es getan hat. Die ganze Furchtbarkeit ist also noch da: in den Menschen, die sie begangen haben; in den Anschauungen, die von der Tat her weiterwirken; in dem Volk, das von ihnen geprägt worden ist. Da hilft es nichts, zu vergessen oder zu tun, als ob nichts wäre; sondern alles das ist real wie das Ergebnis einer chemischen Reaktion, wie die falsch arbeitende Drüse im Körper, wie das Trauma in der Tiefe des Unbewußten.

Wie diese Aufarbeitung vollzogen werden müsse, kann man nicht in Kürze sagen. Letztlich ist es nur religiös möglich, auf die Gnade, die Vergebungs- und Erneuerungsmacht Gottes hin; doch soll auch davon in diesem Zusammenhang nicht gesprochen werden. Im übrigen muß es sittlich geschehen. Also vor allem durch die Einsicht, daß Unrecht getan worden ist, und worin dieses Unrecht bestand. Durch das, von dem es in Ibsens »Brand« heißt, Menschsein bedeute, »Gerichtstag halten über das eigene Selbst«. Zum eigenen Unrecht Stellung nehmen und sich von ihm lossagen. Und es in der jeweils möglichen und gemäßen Weise wieder gutmachen. Geschieht das nicht, dann bleibt es und wirkt weiter.

Es bleibt als Schuld; als Widerspruch zur Ordnung des Guten; als Verletzung der inneren Ehre; als Entwertung der Person. Diese Sinnzerstörung kann durch nichts aufgewogen werden: keinen politischen Erfolg, keine Steigerung der Macht, keinen Fortschritt der Wohlfahrt.

Das Unrecht bleibt aber auch als Macht, als unmittelbare geschichtliche Wirksamkeit. Die Wissenschaft vom Menschen zeigt, wie weitgehend er vom Psychischen und Ethischen her gesund oder krank ist. Eine nicht aufgearbeitete geistige Unordnung setzt sich in funktionelle Störungen um, und diese verfestigen sich allmählich zu organischen. Nicht nur das: sie wird zum immer wieder verwirklichten Schema des späteren Verhaltens. Entsprechendes geschieht im geschichtlichen Leben. Wenn eine Schuld der res publica nicht erkannt, verurteilt und in irgend einer Weise gesühnt wird, dann wird sie zur immer wiederkehrenden Form des Stellungnehmens und Handelns und zerstört die politische Existenz.

Das ist kein Moralgerede, sondern einfache Wahrheit, und wer das nicht sieht, ist kein »Realist«, sondern er ist blind. [. . .]

Es ist Schuld. Es lastet auf dem Gewissen des Volkes, sei es das bewußte oder das unbewußte, und verlangt Bereinigung.

Darüber hinaus ist es aber im abendländischen Raum das erste Vorbild jener furchtbaren Möglichkeit, welche über der kommenden Geschichte hängt. *So ist es eine Warnung.* Weichen wir dieser aus; suchen wir, das Geschehene in Vergangenheit und Vergessenheit versinken zu lassen, dann wird es zum Trauma im Gemüt des Volkes – das heißt aber, unser aller – und zu einer Form, wie künftig in unserer Geschichte die Dinge geschehen werden.

Aus: Verantwortung, 1954, 30–39

24 Dostojewskijs Großinquisitor: Die Legende und ihre Deutung

Wer sind diese »Man«?

Es sind Männer, die zuerst versucht haben, den Weg der Auserwählung, den Weg der »Einsiedler und makellosen Jungfrauen«, zu gehen. Wenn die Frage auftauchte, was mit den anderen geschehen solle, haben sie wohl die Antwort der Barmherzigkeit Gottes überlassen. Dann aber sind sie irre geworden. Eine Welt, in der es steht, wie es steht, haben sie nicht mehr ertragen. Ein christliches Dasein, worin die Vielen nicht mitkönnen und verzweifeln; worin die Wenigen trotz aller Anstrengung vielleicht doch versagen; worin das Leid nicht abnimmt, sondern endlos wird – darin muß etwas nicht stimmen. So sind sie zur Überzeugung gekommen, daß »Christi Tat verbessert werden muß«.

Sie haben erkannt, daß die Menschen als Masse und auf ein erreichbares Maß durchschnittlicher Glücksmöglichkeit hin behandelt werden müssen. Das geht aber nur, indem jenes Eigentliche Christi ausgeschieden, also das furchtbarste Verbrechen begangen wird: So haben jene Männer dieses Verbrechen auf sich genommen und sich dem Bösen geweiht, um den Vielen das mögliche Glück zu sichern. Ebendarin haben sie freilich auch das Bewußtsein einer ungeheuren Macht. Sie haben sich aufgerichtet gegen Gott. Sie haben sich zu Richtern über Christus gesetzt. Sie haben das Heil der Menschen selbst in die Hand genommen. Sie herrschen. Der Inbegriff dieser Gesinnung ist die römische Kirche; besonders ihre Hierarchie; vor allem aber und als bewußtester Ausdruck ihres Geistes, der Jesuitenorden.

Die Kirche hat die Hand auf Christus gelegt. Nun kann er nicht mehr frei aus sich selbst heraus an die Menschen herantreten. Er muß mit dem Seinigen in den Grenzen und Weisen bleiben, welche die Hierarchie ihm vorschreibt. Er ist festgelegt, eingebaut, verarbeitet . . . Ebendarin ist er aber etwas Gewesenes. Im selben Augenblick, da er sich aus sich selbst erheben und, so wie er ist, als Gegenwärtig-Wirklicher an die Menschen herantreten wollte, würde er zum Zerstörer der Ordnung. Er würde das Heil der Menschen, das ja von der Hierarchie ein für allemal geordnet ist, gefährden. Er wäre der Ketzer schlechthin. Da er nun wirklich wiederkommt, ungerufen und aus Eigenem, ist es nur konsequent, daß der Großinquisitor ihm ankündigt, er werde ihn am nächsten Tage den Ketzertod sterben lassen.

Was meint die Geschichte?

Eine erste Antwort bietet sich rasch an und wird denn auch von der üblichen Verwertung des »Großinquisitors« angenommen: Dostojewskij führe hier die Sache Christi gegen ihren schlimmsten Gegner. Der aber sei nicht der einfache Unglaube, sondern der Ekklesialismus, d. h. die Umwandlung der lebendigen Gottesbeziehung in ein System von Heilsgarantien, Formeln und Praktiken. In diesem werde das gnadenhafte Wesen des Christlichen durch eine Technik der Menschen- und Seelenbeherrschung ersetzt, hinter welcher das noch Furchtbarere stehe, nämlich der dämonische Wille, Hand zu legen auf Gott selbst. Ausdruck von alledem sei die katholische Kirche. Ihr stehe die Religion der Freiheit, des Geistes, der Liebe und der lebendigen christlichen Herzensfülle entgegen. [...]

Vor der Gestalt des Herrn in der Legende ist es mir – der Leser möge erlauben, daß die Analyse an persönliche Erfahrung anknüpfte – folgendermaßen ergangen: Zuerst fühlte ich mich von einem großen und innigen christlichen Affekt angeredet. Dann wurde mir dieser fragwürdig; ich wußte nicht recht, woran ich mit ihm sei. So entschloß ich mich, die Herausforderung anzunehmen, die ich empfand, und ließ die scheinbar so paradoxe Frage zu: Hat diesem Christus gegenüber der Großinquisitor nicht im letzten recht? Ist dieser Christus nicht wirklich ein – »Ketzer«? Und als der Verstand nach dem Grund für die immer deutlicher durchdringende Empfindung suchte, wurde mir klar, daß in dieser Christusgestalt das Christliche von jenen Ebenen und Ordnungen losgelöst wird, auf welche es wesensmäßig bezogen ist.

In diesem Christus ist das Christliche absolute Selbstverantwortung und zugleich schlechthinige Außergewöhnlichkeit. Diese Christlichkeit hat keine Beziehung zu jenem Bereich, auf welchem doch die Füße des Menschen stehen, dem Täglich-Durchschnittlichen. Nun soll uns wirklich nichts ferner liegen als eine Apologie der Alltäglichkeit. Wie sollte man Dostojewskij lieben können und vergessen, daß das Menschendasein in die Höhe hinauf- und in die Tiefe hinabgebaut, sein Mittenbereich also von dieser und von jener her bestimmt und gefährdet ist. Aber die bloße Höhe ist ein Grenzwert, und die bloße Tiefe auch. Und das Leben kann nicht bestehen, wenn es nicht den Mittenbereich hat, der freilich immerfort nach oben und nach unten in die Entscheidung gerufen wird. Ein Leben, in welchem dieser Bereich fehlt, wird phantastisch; denn er ist die Sphäre der Verwirklichung, Acker und Werkstatt des Daseins. Die Entscheidungen der Höhe und Tiefe müssen in ihn hineinrealisiert werden, um sich auszuweisen. [...]

Diese mittlere Sphäre umfaßt auch die geschichtliche Wirklichkeit. Jenes Feld also, in dem nicht nur gewagt und gelitten, sondern dauerndes Menschendasein begründet wird. Wo Ideen in Mächte eingesenkt, Impulse in Einrichtungen umgewandelt, Gesinnungen in Ordnung und Gesetz realisiert werden. Wo verantwortlich gehandelt, Konsequenz ausgetragen und der Wirklichkeit standgehalten wird.

So bildet dieser Bereich auch einen Grundcharakter des Christlichen als geschichtlicher Wirklichkeit: der Kirche. Sie ist von Wesen Kirche Aller, nicht nur der Außergewöhnlichen; Kirche des täglichen Daseins, nicht nur heroischer Stunden. Sie ist, wie der Mensch selbst, von einer Mittenzone aus in die Höhe hinauf und in die Tiefe hinab bezogen. So ist Kirche Ausdruck nicht nur der Grenzbereiche, sondern auch, und wesentlich, der durchschnittlichen Möglichkeiten des Christlichen.

Die Christlichkeit der Legende aber hat im Grunde keine Beziehung zu dieser mittleren Sphäre, und damit wird sie irreal.

Zugleich tritt sie damit in eine sehr subtile Auflehnung: in jene, die eben darin besteht, die Christlichkeit nur in ihrer »Reinheit« anzuerkennen. Denn »das Christliche« mit dem Ideal-Christlichen gleichzusetzen; die Abstufung, die Annäherung, das »Noch« abzulehnen, bedeutet im Grunde sich auflehnen gegen Gott, welcher der Gott der Liebe und Demut, das heißt hier, der Wirklichkeit ist.

Aus: Religiöse Gestalten in Dostojewskijs Werk, 1964, 174–183

IV Kultur als Erbe und Aufgabe

*In diesem Abschnitt ist unter anderem von Schwächen und
Gefahren der gegenwärtigen Kultur die Rede (31). Die Bilder
verblassen (26), mit ihnen schwindet die Bildung (27), die
Wahrheit nimmt ab (28), die Mickymäuse sind unter uns (32).
Diese Kulturkritik (29), die wir heute noch mit neuen Beispielen
verschärfen könnten, sind von Überlegungen zum Wesen der
Kultur umrahmt (30). Mir scheint, daß es notwendig ist, sie zu
ergänzen.*

*»Kultur« ist für Romano Guardini weniger ein Prozeß als eine
regional und geschichtlich geprägte Ganzheit der Lebensformen
(25), die übrigens in ihrem geordneten Zusammenhang geradezu
ästhetische Qualität erhält (33). Im Grunde kann man erst post
festum, hinterher, von einer »Kultur« sprechen. Für die jewei-
lige Gegenwart, also auch für unsere Gegenwart kann der
Begriff uns helfen, zu ermitteln, wie wir sein sollen, nicht aber
was wir tun sollen. Es sind unmittelbar die konkreten gesellschaftlichen Verhältnisse, die ökonomischen und politischen, auf
die sich das als »not-wendig« entworfene Handeln bezieht.
Romano Guardinis Kultur-Bild enthält also nicht das Potential
der Veränderung, nicht die Dimension des auf ein Ziel gerichteten Handelns. Gerade nach der inzwischen eingetretenen Verschärfung der Krise unserer Zivilisation wird man auch in der
Reflexion über zukünftige Kultur den unmittelbar ökonomischen,
sozialen und politischen Teil des Kulturentwurfs, den Teil, in
dem gemeinsame Entscheidungen fällig sind, ins Auge fassen
müssen. Romano Guardinis Denken ist im Ansatz wie bei Pascal
(34) weiträumig: Wir müssen es nicht beiseite legen, wohl aber
ergänzen.*

25 Christentum und Kultur: Gegensatz und Ergänzung

Christentum und Kultur stellen sich gegenseitig in Frage. Und beide wissen darum. Die Kultur strebt immer wieder, sich als das Eigentlich-Endgültige zu konstituieren und sich vor jener Gefährdung durch die Religion zu schützen. Entweder sucht sie die Religion zu entwerten, erklärt sie für die Groben und Beschränkten nötig, aber entbehrlich für den geistig Freien, der »Kunst und Wissenschaft« besitzt. Oder sucht das Religiöse unschädlich zu machen und zugleich dessen Kräfte zu nützen; baut es in ihren Bestand ein, macht es selbst zur »Kultur«, zu deren letzter Weihe. Die apollinische Religion der Griechen, die römische Staatsfrömmigkeit, der Himmelsdienst Chinas und all die Formen der liberalen und der staatlichen Religiosität haben so getan. Die Religion aber, wo immer sie lebendig war, stand ihrerseits und noch schärfer in mißtrauischer Haltung gegen die Kultur. Wenigstens in Zeiten ursprünglicher Lebendigkeit sucht sie diese von sich fern zu halten. Daß man alles verlassen muß um Christi willen; daß alles Irdische nichts gilt vor Gott; daß irdische Klugheit vor Gott kindische Torheit ist; aber was dem Menschen als Torheit, Schmach und Mißerfolg gilt, Entscheidendes und Bleibendes wirkt; daß wahres Leben erst aufgeht durch Leiden und Kreuz – dies alles ist dem lebendig christlichen Menschen selbstverständlich. So kommt die religiöse Haltung dazu, die Kultur abzulehnen, wie Franz von Assisi getan, oder sie doch auf ein Mindestmaß zurückzudämmen. Sie betrachtet die Kultur mit Mißtrauen als die große Versucherin. Und mit noch größerem Mißtrauen die religiöse Kultur, das heißt den Versuch, die christliche Wirklichkeit mit Hilfe der kulturellen Mittel zu entfalten, oder Kulturwerte in die religiösen hineinzuziehen, wie es in der wissenschaftlichen Behandlung der Glaubenswahrheiten geschieht, in der geistlichen Kunst, in der Entfaltung eines kirchlichen Rechtes und kirchlichen Verfassungslebens; in einer sorgsam durchgeführten geistlichen Erziehung usw. In all dem findet sie leicht Kompromisse mit der Welt, Abstumpfungen jener ersten wesenhaften Spannung. Sie spürt Gefahr, daß Gott zu vertraut werde; daß der Mensch ihn gleichsam unschädlich mache, sich mit einem Panzer von Dingen, Worten und Einrichtungen umgebe, die ihn jene Entscheidung nicht mehr empfinden lassen. Sie spürt darin eine langsame Zersetzung des Wesenhaft-Religiösen. [. . .]

Die Kirche stellt schon durch ihr Dasein jede autonome Kultur ständig in Frage. So ist sie immer empfunden worden und das wird so bleiben, denn sie ist wesentlich Religion, wesentlich übernatürlich. Gegründet auf die qualitative Übernatürlichkeit der Gnade und auf das Ereignis des Kreuzes. Auf sie sammelt sich der Haß der selbstherrlichen Kultur, von Celsus und Julian bis zum gegenwärtigen Kulturliberalismus, heiße er im übrigen, wie er wolle. Die gleiche Kirche aber bedeutet zugleich die gewaltigste Einbauung aller Kulturwerte in das religiöse Verhältnis. Sie ist religiöse Kultur intensivster Art. Man hat ihr vorgeworfen, sie sei der Kultur feind und töte die Natur. Und hat ihr vorgeworfen, sie mache die Religion unschädlich, sei ein weltlich Gebilde von menschlicher Klugheit, Macht und großer Kunst des Ausgleichs. Die einen haben gesagt, mit ihren überirdischen Ansprüchen zerstöre sie Kraft und Einheit des natürlichen Schaffens; die anderen, sie verrate Gott an die Kultur, verschleiere die harten Gegensätze und lähme mit tausend feinen Unterschieden und Ausnahmen die Wucht der Entscheidung: Die Kirche ist also, was sie heißt, katholisch.

Bewußte Übung liturgischen Lebens kann zu religiöser Kulturspielerei werden. Geschieht das, so hat das christliche Gewissen Recht, wenn es Einspruch erhebt, denn es sieht den Ernst jener Frage gefährdet, von der alles abhängt: der Frage des Heils. Besser einfachste, aber ernste Volksfrömmigkeit, als eine derartige Religionskultur.

Ebenso verhängnisvoll aber wäre es, sich aus ungerechtfertigtem Mißtrauen gegen eine sorgsame Heranbildung religiös-sittlicher Kultur zu stemmen. Es würde sich bitter rächen. Das religiöse Blickfeld müßte eng werden, die Gedanken seicht, der ganze geistige Gehalt würde verarmen, und die Religion selbst würde den Schaden zu tragen haben.

So handelt es sich, nachdem auf das Eine Notwendige mit allem Ernst hingezeigt worden ist, um eine Angelegenheit des Maßes, das versteht, »eins zu tun und das andere nicht zu lassen«.

Aus: Liturgische Bildung, 1923, 89–92

26 Das Verblassen der Bilder

Von diesen Bildern scheinen nun viele zu verblassen, weil die Begegnung, aus der sie entstehen, immer seltener stattfindet, immer undeutlicher wird – weil die Technik sie verdrängt.

Wer hat noch eine wirkliche Quelle gesehen und, was wichtiger ist, erfahren? Sogar die in den Menschenbereich einbezogene Form der Quelle, der Brunnen, findet sich immer seltener; jedenfalls als Ort, wo man schöpft und trinkt. Wenn der heutige Mensch an dergleichen denkt, fällt ihm der Wasserhahn ein, den man aufdreht. So muß das Bild, das überall in unserem Lebens- und Kulturbewußtsein umgeht, blaß und undeutlich werden. Oder der Weg: besteht nicht eine der Wirkungen technischen Fortschritts darin, daß alles immer schneller geht? Die Fortbewegung im Verkehr und Nachrichtenwesen; die Herstellung industrieller Produkte; der Vollzug zweckbestimmter Maßnahmen? Bildet nicht das Schneller-Gehen geradezu einen der Maßstäbe für technische Leistung? Das bedeutet aber, daß Anfang und Ende zusammenrücken, das heißt, daß der Weg verschwindet. Vollends jener Weg, der Selbstzweck ist; auf dem der Mensch sich ergeht und atmet; all die unzähligen Umwege des Lebens, die keine Verluste, sondern Sinnvorgänge, Verwirklichungsweisen des Daseins sind. Wenn so überall die Wege einschrumpfen – muß das Bild dann nicht schwächer werden? Oder das dritte: die Flamme. Welche Bedeutung hat sie noch im technisierten Leben, wenn wir von den Katastrophen in Frieden und Krieg absehen? Wer erfährt es noch, daß das Licht, bei dem er arbeitet, oder die Wärme, die er genießt, aus der Flamme kommt? Sie kommen aus den Beleuchtungskörpern und Heizanlagen.

Es wäre interessant, festzustellen, welche Bilder durch die Technik zum Verblassen gebracht werden. Sie stammen, wie wir gesehen haben, aus den unmittelbaren Gestalten der Welt; diese aber verlieren an Bedeutung, im Maße der Mensch in den Stand kommt, aus den Elementargegebenheiten heraus zu arbeiten. Zugleich wäre natürlich zu untersuchen, ob aus dem Technischen neue Bilder entstehen – wirkliche, das Dasein deutende Grundfiguren und nicht bloße Abkürzungszeichen.

Jedenfalls drängt sich die Frage auf, was der Vorgang der Bildentkräftung für jenen Bereich bedeutet, der ganz aus dem Bildlichen lebt, der Kunst.

Aus: Unterscheidung des Christlichen, 1962, 233 f.

27 Wir sind ein tief ungebildetes Geschlecht

Wir fühlen die tiefe Ungebildetheit dessen, was uns umgibt und unserer selbst. Seit der Aufklärung redet man ja viel von Bildung; ein Zeichen, daß sie im Schwinden war. Was man da als Bildung fand, ist deren Karikatur. Das heute mit dem Wort Gemeinte ist im Grunde eine Angelegenheit des Wissens. Wissen von einiger – höchst fragwürdiger – Vollständigkeit; von gewisser Rundung, und an seinen Rändern gleichsam in ein Mischwesen übergehend, das nicht mehr bloß Wissen, sondern mit einem Einschlag der Phantasie, des Geschmacks und des Urteils durchwirkt ist. Immer aber doch wesentlich Wissen. Unsere Bildungsanstalten sind Wissensvermittlungen, und gebildet ist, wer an diesen Anstalten allerhand Wissen in sich aufgenommen hat.

Mit wirklicher Bildung hat das alles wenig zu tun. Wesenhafte Bildung wurzelt nicht im Wissen, sondern im Sein. Schon das

Wort sagt es: »Gebildet« ist, wer aus einem inneren Gestaltgesetz heraus geformt wird; wem Sein und Tun, Denken und Handeln, Person und Umgebung aus einem inneren Bilde heraus bestimmt sind. Daraus kommt ihm eine Einheit in noch so großer Vielgestalt; daraus die Möglichkeit, sich selbst immer wiederzufinden, was er auch tue, und was ihm geschehe. Kein schlimmeres Ungebilde als der neuzeitliche Gebildete von Gnaden der Aufklärung. [...]

Dennoch kommt so viel darauf an, ob der Erzieher von wesenhafter Bildung ausgeht, oder aber von »Bildung« redet, und »Unterricht« meint, wozu dann noch so nebenbei eine gewisse ordnende und übende Disziplin kommt. Wir sind ein tief ungebildetes Geschlecht. Was in dieser Beziehung noch Lebendiges da ist, stammt aus der Vergangenheit.

Ja, es ist nicht einmal in das Belieben des Einzelnen gestellt, ob er, auch bei richtigster Auffassung, gebildet sein wolle oder nicht. Keiner kann es in diesem vollen Sinne auf private Rechnung sein, denn dazu gehört, daß das Bild, das ihn beherrscht, in der Grundart verwandt sei mit jenem, das auch die Umgebung gestaltet. Es kann keiner gebildet sein, wenn er, aus einer wirklichen Wesensgestalt heraus sich formend, nun mit dieser Gestalt und mit dem Rhythmus des eigenen Seins überall draußen an ein Fremdes, oder gar Widersprechendes stößt, in Einrichtungen und Formen der Gesellschaft, in der Ordnung des Verkehrs, der Sprache, in den Gestaltungen des kulturellen Schaffens. Es lebt keiner nur für sich, sondern als Dieser ist er zugleich Glied der Gesamtheit und lebt in ihr.

Ich habe den Glauben, daß ein neues Bild im Heransteigen ist. Anders als das der Antike; anders als das des Mittelalters. Und gründlich anders vor allem als Humanismus, Klassizismus und Romantik. Es ist zugeordnet jenem neuen Geschehen, von dem wir sprachen. Zugeordnet jener menschlichen Tiefe, auf deren Aufbruch wir hoffen. Zugeordnet der neuen Ebene, auf welcher der Kampf mit den eingebrochenen Gewalten geführt wird. Und da wird er siegreich sein. Aus jener Tiefe und aus jenem Bilde wird die neue Zeit geschaffen werden.

Wir sehen seine Vorboten. Am gewaltigsten in Werken der Architektur. Überall wirkt es voraus, und wer ihm zugehört, mag auch noch so viel unzugänglich, unsicher und verzerrt sein.

Alte und junge Kritiker haben die Fragwürdigkeit der Jugendbewegung sattsam dargelegt. Und dennoch gehört es zum Wesen der echten Jugendbewegung, seinsmäßig beunruhigt zu sein von jenem Bilde her, das aus den Gründen des Geschichtlichen heraufsteigt. Beunruhigt; damit ist auch alles angedeutet, was an Ratlosigkeit und Tragik darin liegt.

Aus: Briefe vom Comer See, 1927, 101–105

28 Das Wissen wächst – die Wahrheit nimmt ab

Der Mensch hat die ebenso gewaltige wie geheimnisvolle Fähigkeit des Erkennens. Er vermag, was ist, in sich hereinzunehmen und es in jene Form des Besitzes überzuführen, die wir »Wissen« nennen. Er kann, darüber hinaus, das intellektuell Gewußte durchfühlen, durchleben und so zu dem vordringen, was wir »Verstehen« nennen, worin das Wesen des Dings klar wird, sein Sinn sich erschließt, der Geist die Bedeutungsmacht des Seienden erfährt.

Sie werden aber, hoffe ich, einem Mann, der seit mehr als dreißig Jahren in der Universitätsarbeit steht, ein Urteil zutrauen, wenn er Ihnen sagt: das Wissen, das intellektuelle Haben und Beherrschen nimmt zu; in einem so ungeheuerlichen Maß, daß es den Menschen förmlich überstürzt – das immer bedrohlicher werdende Problem der Universität wie der Berufsausbildung überhaupt wurzelt ja zum großen Teil hierin – jenes Tiefere aber, das aus dem inneren Durchblicken und Durchleben hervorgeht, das Verstehen des Wesens, das Begreifen aus dem Ganzen heraus, das Erfahren des Sinnes, wird schwächer. Das alles kann nämlich nur im inneren Gegenüber der Kontemplation gewonnen werden;

83

die aber braucht Stille, Ruhe, Sammlung. Das Wissen wächst; die Wahrheit nimmt ab. –

Damit hängt sofort etwas weiteres zusammen. Der Mensch vermag zu unterscheiden; zwischen Recht und Nichtrecht, Wertvoll und Wertlos, Wichtig und Unwichtig, Nebensache und Hauptsache, Mittel und Zweck. Er kann das, was ist, nicht nur feststellen, sondern auch seinen Wert erfahren, zu ihm Stellung nehmen, es bejahen oder verneinen. Freilich vermag er das nur, wenn ihm klar geworden ist, was rechtes Leben bedeutet, wie dessen Ordnungen sind, und wo sein Sinn liegt...

Diese Klarheit nimmt aber zusehends ab, denn sie setzt Konzentration voraus. Die Masse der Erscheinungen überflutet die Fähigkeit des Unterscheidens. Die Menge der Reize macht unfähig, zu sehen, was hinter ihnen steht. Das Getöse der Reklame, das Gerede in Zeitung und Rundfunk verwirren den inneren Sinn. Immer schwerer wird es dem heutigen Menschen, die Rangordnung der Werte zu sehen, zwischen Mittel und Zweck, Hauptsache und Nebensache zu unterscheiden und zu einem echten Urteil zu gelangen. –

Das war nur eine rasche Skizze. So viel dürfte sie aber doch wohl klargemacht haben: daß hier zwei Reihen laufen: zwei Grundformen menschlicher Lebendigkeit; zwei Weisen menschlichen Verhaltens, der Welt wie sich selbst gegenüber.

Nennen wir sie, mit einer alten Bezeichnung, das aktive und das kontemplative Verhalten. Das erste ist jenes, in welchem der Mensch von sich weg in die Dinge hinausgeht. Es richtet sich auf ein Ziel, greift an und wird ebendamit, kraft jenes Gesetzes der Zweiseitigkeit, vom Objekt ergriffen... Das andere sucht die eigene Mitte; faßt in ihr Stand; gewinnt Distanz zu den Dingen und ist ihnen gegenüber frei.

Das erste Verhalten bestimmt seit einem halben Jahrtausend das Leben des modernen Menschen und ist im Lauf der Zeit beständig gewachsen. Das andere wird fremd, verliert an Kraft und Geltung.

Aus: Der unvollständige Mensch und die Macht, 1956, 16f.

29 Die Verantwortung für die Kultur

Für die allgemeine Anschauung steht fest, die geistig-technische Entwicklung müsse so weitergehen, wie sie geht. Danach wäre diese kein Tun der Freiheit, sondern eine Art Naturprozeß höheren Grades. Ist das aber nicht die Antivalenz zum kulturellen Autonomismus? Auf der einen Seite die nur sich selbst verantwortlichen Spezial-Initiativen – auf der anderen ein Verfallensein an die immanente Logik des kulturellen Gesamtvorgangs? Beides deshalb, weil es keine Instanz gibt, welche jenseits dieser Dialektik stünde und die Person zur Verantwortung für sie riefe? Drückt sich die letzte Gefahr des Zustandes nicht darin aus, daß jeder Versuch einer Änderung für »Romantik« erklärt wird?

Das alles bedeutet, daß die neue Situation mit ihren Chancen und Gefahren aus einer Denkweise heraus betrachtet wird, die einer vergangenen Epoche angehört.

Jede Kulturform enthält ein ihr zugeordnetes Bewußtsein; eine Haltung, welche ihr gemäß ist. Die für uns geforderte ist, so scheint es, nicht – sagen wir zuversichtlicher: noch nicht da. So scheint die Aufgabe die zu sein, eine Gesinnung zu schaffen, welche der Situation gewachsen ist.

Welche Elemente müßte diese Gesinnung enthalten?

Sie müßte vor allem die Vorstellung überwinden, die verschiedenen Kulturgebiete seien autonom, denn das menschliche Dasein bildet ein Ganzes; heute mehr als je, und in immer rascher steigendem Maße. Verkehr, Nachrichtenwesen, politische und wirtschaftliche Wechseldurchwirkung schließen die Erde und ihr Geschehen immer rascher zu einem Gesamtfeld zusammen, so daß, was an einer Stelle vor sich geht, an anderen Stellen wirksam wird. Daher müßte ein beständiges Fühlung-Suchen mit dem Ganzen und, innerhalb seiner, der Einzelbereiche miteinander zum Instinkt werden.

Weiter: Es müßte sich die Überzeugung bilden, daß keine unabwendbare Notwendigkeit besteht, weiterzumachen. Weithin herrscht die Vorstellung, sobald im Zusammenhang der Geschichte ein Motiv – ein theoretisches Problem, eine technische Möglichkeit, eine Machtsituation – hervorgetreten sei, müsse die Verwirklichung zwangsmäßig voranlaufen, weil die Wesen, in deren Bewußtsein es gelangt, viele sind und sich daher wie eine mechanische Masse verhalten. Es müßte gesehen werden, daß das nicht wahr ist; daß es sich um Menschen handelt und diese frei sind. Daß also die durch höchst gescheite Theorien gestützte Lehre von der Notwendigkeit der kulturellen Prozesse eine subtile, aber mörderische Unwahrheit enthält, hinter welcher sich die Absicht versteckt, von der Verantwortung entlastet zu sein. Die Gesinnung, die wir meinen, ist überzeugt, man könne den Tendenzen, die in einer Kultursituation stecken, sehr wohl – wenn auch mit Anstrengung und unter Opfern – widerstehen, sobald man es in Redlichkeit will.

Das Mittel aber, durch das die Vorgänge gesteuert und die negativen Wirkungen gemäßigt werden könnten, ist – hoffentlich gruselt Ihnen nicht vor dem durch Naturalismus und Liberalismus unter Verruf gestellten Wort – Askese. Nichts Großes gelingt ohne sie; denn Askese ist nichts anderes als die Selbstzucht, welche auf ein Begehrtes verzichtet, um ein Höheres zu erreichen; eine Teilwirkung einschränkt, damit das Ganze wachse; im Haushalt des eigenen Wesens die Kräfte der Einsicht, der Freiheit und der Verantwortung gegen Trieb und Trägheit steigert. Sobald das alles fehlt, kann natürlich von Unabhängigkeit und Formungskraft keine Rede sein.

Und endlich: Dieses Verhalten müßte einen Beziehungspunkt haben, auf den hin die einzelnen Kulturmomente beurteilt und ins Verhältnis gebracht werden können. Das aber ist eine richtige Vorstellung vom Menschen. Es muß erkannt sein, was der Mensch ist; wie er in der Zeit besteht; welche Wertordnung für ihn gilt; was wichtig und was unwichtig, was Ziel und was Mittel ist. Ein Blick in das unbeschreibliche Durcheinander der anthropologischen Vorstellungen zeigt, daß es ein solches Bild heute nicht gibt.

Alles das zusammen – wie sollen wir es nennen? Es ist die Sorge des wirklich mündig gewordenen Menschen für das Dasein in seiner Gefährdung.

Eine Haltung echter Verantwortung und wirklicher Souveränität zugleich. Eine Fähigkeit – brauchen wir ein Wort, das aus der politischen Sphäre stammt – zu »regieren«. Aber nicht, um Individuen oder Gruppen auf Zwecke der Macht hin zu lenken, sondern um menschliche Impulse, Schaffensziele, Werkbereiche zueinander in Beziehung zu setzen, damit das Ganze des menschlichen Daseins gedeihen könne.

Diese Haltung müßte ihrerseits auf einem Bewußtsein ruhen, das sich von dem zerfallenden Autonomiebewußtsein der Neuzeit freigemacht hat – ebenso wie von dessen Antivalenz, der Kapitulation vor dem totalitären Macht- und Zwecklichkeitswillen. Dieses Bewußtsein muß echt und wirkkräftig erwachsen, wenn die neue, durch Wissenschaft und Technik heraufgeführte Epoche zum Guten gehen soll.

Aus: Die Verantwortung der Universität, 1954, 31–33

30 Christliche Kultur?

Trotz zweier Jahrtausende christlicher Geschichte hat sich ein eindeutiges und dauerndes Wesensgefühl, eine stetig wachsende Gestalt christlicher Kultur noch nicht herausgebildet; ja, sie scheint, je länger, desto tiefer fraglich zu werden. Nach zwei Jahrtausenden Frage und Erfahrung steht das Problem, ob es eine christliche Kultur gebe, so ungelöst wie zu Anfang. Buchstäblich wie »zu Anfang«; denn dem Urchristentum ist es durchaus fraglich. Dann allerdings wächst eine Zeit heran, die sicher scheint; wenigstens stellt sie jene Frage nicht grundsätzlich, sondern vor allem asketisch: das Mittelalter. Nachdem die mittelalterliche Haltung zerfallen ist; nachdem Reformation und Autonomisierung der Kultur die psychologisch-geschichtlichen Verknüpfungen von Christentum und Kultur gelöst haben, treten wir wieder tief in den Brennkreis der altchristlichen Frage.

Hier scheint ein Moment zu liegen, das von einer Fragestellung, wie wir sie zu Beginn erwogen haben, nicht bewältigt werden kann.

Der nach Europa kommende Asiate wundert sich, wie wenig das kulturelle Leben Europas vom Christentum geprägt sei. Das scheinbar eindeutige Kulturverhältnis des Christentums im Mittelalter enthüllt sich bei näherem Zusehen als vorübergehender, geschichtlicher Glücksfall: Die kulturell schaffenden Kräfte waren eine Zeitlang in den gleichen Trägern mit dem christlichen Impuls verbunden. Die christliche Kultur Rußlands hat länger beharrt. Sie dankt es aber dem Umstand, daß das Religiöse alles beherrschte, der im besonderen Sinn so zu nennende kulturelle Wille gebunden lag. Die Revolution hat mit furchtbarer Gewalt alles nachgeholt, was an Widerspruch unterblieben war. In der Neuzeit hat sich das Kulturelle immer mehr verselbständigt; und trotz aller Thesen und Programme über »christliche« oder »katholische Kultur« wird der Zweifel, ob diese Bedeutungsverbindung innerlich möglich sei, immer größer.

Die Frage ist nur, was diese Skepsis anzeigt. Daß überhaupt Verbindung von Christentum und Kulturbereich unmöglich ist? Oder aber nur, daß die Weise, diese Verbindung zu denken und zu vollziehen, zu einfach war, zu rasch; noch vorkritisch; einer Zeit angemessen, die der großen Krisis der Eigenbegründung der Sach- und Geltungsbereiche erst voraufging? Daß es aber jetzt gilt, für ein eigenes Bedeutungsgebiet auch wirklich die zuständigen Begriffe, Zielsetzungen und lebendigen Haltungen zu gewinnen?

Im Verhältnis-Problem von Christentum und Kultur scheint etwas zu liegen, was es zu einer definitiven »Lösung« im gewohnten Sinne des Wortes nicht kommen läßt. Ein bestimmter Schwebezustand, eine Unsicherheit, eine irgendwie geartete innere Gebundenheit scheint ihm wesentlich zu sein.

Darin aber würde sich gerade das besondere Problem ankündigen.

Das Verhältnis »Christentum und Kultur« geht offenbar in dem oben entwickelten Verhältnis »Religion und Kultur« nicht auf. Was mit dem Christentum in das Problem eintritt, ist nicht bloß eine besondere Verhältnisform jener gegensätzlichen Momente; vielleicht durch eine sehr eindrucksame Persönlichkeit, oder durch eine besonders bedeutungsvolle geschichtliche Situation getragen. Das Christentum ist nicht ein religiös-kultureller Typus oder eine historische Gestalt unter anderen. Alle Versuche, es so zu fassen, ebnen es ein. Und was sie treibt, ist grundsätzlicher Unglaube. Es handelt sich um anderes. Das geht schon daraus hervor, daß die verschiedenen Maßverhältnisse von Ja und Nein; die verschiedenen Grundtypen der religiösen Struktur; die verschiedenen geschichtlichen Faktoren innerhalb des Christlichen wiederkehren.

Aus: Unterscheidung des Christlichen, 1963, 153 f.

31 Kulturmöglichkeit und Kulturgefahr

Die Möglichkeit zu irren, ist also dem Menschen wesentlich, weil er frei ist. Man kann ihn geradezu als jenes Wesen definieren, das sich irren – deswegen, weil er auch in Freiheit das Richtige wählen kann.

Zum Wesen der Kultur gehört die Möglichkeit, den Zusammenhang von Ursache und Wirkung mißzuverstehen; Material falsch zu formen; in Ordnungen fehlzugreifen. Daraus entspringen alle jene Erscheinungen unrichtigen Kulturwerks, von denen die Geschichte erfüllt ist. Diese wirken aber auf das Dasein des Menschen zurück und bringen ihn selbst in Gefahr: durch falsche Lebensweise, Mangel am Notwendigen, soziale Unordnung und sofort.

Die Kulturgefahr kommt also aus dem gleichen Zentrum, aus dem die Kulturmöglichkeit hervorgeht.

Wenn wir von hier her einen Blick in die Geschichte werfen, so können wir, glaube ich, drei Epochen von verschiedenem Charakter und sehr ungleicher Länge abgrenzen.

Am Anfang steht die primitive Kultur. Jene also, welche die Wissenschaft aus den erhaltenen Überresten abliest; die aber auch noch bei jenen Völkern anzutreffen ist, die wir frühgeschichtlich nennen.

Das Moment der Freiheit ist auch hier in ihr gegeben und wirksam. Noch das einfachste Gerät und das schlichteste Schmuckornament enthalten es. Auf dieser Stufe wirken aber auch zahlreiche und starke Momente der Bewahrung: Der Einzelne steht in engen Gefügen soziologischer Ganzheiten; die Traditionen haben große Macht; das Leben ist überall ins Religiös-Magische eingebettet; die Lebensvorgänge selbst laufen weithin in rhythmisch-symbolischen Formen – alles Momente, die den Ablauf des Lebens sichern und den Betrachter veranlassen, das Wort »Naturvölker« zu brauchen. Die Bezeichnung wäre zwar grundsätzlich falsch, denn durch sie käme die betreffende Menschengruppe in eine Reihe mit einer Tierkolonie. Sie hätte aber darin Recht, daß der Akt des Heraustretens nur bis zu einer nahen Grenze geht, der Zusammenhang mit der Natur hingegen sehr eng und wirksam ist. Das gibt dem Leben des frühen Menschen jenen Charakter von »Natürlichkeit« und Geborgenheit, der dem Spätgeborenen oft so beneidenswert scheint.

Die zweite Epoche wollen wir in vorläufiger Weise als die humane bezeichnen und behalten uns die Kritik an dem Wort noch vor. Der Frage, wann sie einsetze, können wir hier nicht nachgehen. Jedenfalls reicht sie vom Beginn eines deutlichen Geschichtsbewußtseins bis zu jenem Durchbruch der Naturwissenschaft und Technik, der sich im Lauf der Neuzeit vorbereitet und im Beginn des 19. Jahrhunderts vollzieht.

Die Zeitstrecke ist also sehr lang. Sie gliedert sich in mannigfachster Weise: nach Völkern und Ländern, geschichtlichen Stufen, Stilcharakteren undsofort. Trotz aller Unterschiede eignet ihr aber ein durchgehender Charakter – jener, der uns das Gefühl gibt, der Mensch sei darin mehr er selbst, als in unserer Epoche. Noch in den differenziertesten Formen der Bedürfnisbefriedigung, der Sozialordnung, der Erkenntnis und Kunst sei er harmonischer und der Natur näher, als wir es sind, beziehungsweise immer mehr werden.

Dieser Charakter scheint aus einer bestimmten Proportion hervorzugehen, die zwischen der Distanz zur Natur und der daraus hervorgehenden Handlungsfreiheit auf der einen, der Nähe zu eben dieser Natur und der damit gegebenen Sicherung auf der anderen Seite besteht. Der Mensch entfernt sich hier von der Natur nur so weit, daß er deren Ordnungen noch überall fühlt; sein Tun noch beständig durch Empfindungen für das Gefährdende und zu Scheuende begrenzt wird.

Was aber seine Kulturtätigkeiten selbst angeht, so sind sie wesentlicherweise durch die unmittelbare Leistung der Sinne, sowie durch Hand und Werkzeug getragen.

Diese Proportion geht dann verloren, und eine dritte Epoche beginnt: jene, in der wir stehen. Wissenschaft und Technik ermöglichen eine Verfügung über die Natur, die grundsätzlich keine Grenzen zu haben scheint. Weisungen und Warnungen des unmittelbaren Gefühls werden schwach. Die Freiheit geht in Beliebigkeit über.

Man hat in diesem Vorgang verschiedene Etappen unterschieden. Zuerst die Freisetzung und Beherrschung von Dampf und Elektrizität, wodurch Energien in einem vorher nicht gekannten Maße zur Verfügung kamen. Dann die Entdeckung der Kunststoffe, welche die technische Zwecksetzung vom natürlichen Vorkommen unabhängig gemacht und gelernt hat, das Material jeweils auf den Zweck hin herzustellen. Weiter die Automation, welche Produktionsstätte und Produktionsprozeß in eine geschlossene, von selbst laufende Maschine verwandelt. Physik und Technik der Atomenergie endlich weiten das Feld der freien Zwecksetzung und Verwirklichung ins Unabsehliche.

Man kann nicht sagen, ob und wie diese Epoche durch eine andere abgelöst werden könne. Es sei denn, man ziehe die Möglichkeit in Betracht, die in ihr liegenden negativen Momente, von denen gleich die Rede sein soll, führten zu einem degenerativen oder katastrophischen Ende – oder aber, man bringe es fertig, in der Vorstellung eines Zustandes der Vollkommenheit mehr als eine Utopie zu sehen.

Aus: Die Kultur als Werk und Gefährdung, 1957, 10–12

32 Kultur der Mickymäuse

Lieber Freund! Unser gestriges Gespräch hat in einem richtigen Durcheinander geendet. Das konnte aber auch kaum anders gehen, wenn Leute von so verschiedener Denkart über eine so verworrene Sache, wie die modernste Kunst, miteinander sprechen. Der Eine hat in ihr einen Durchbruch zur absoluten Kunst gesehen; der Andere etwas, das überhaupt nicht mehr »Kunst« ist, sondern ein Suchen nach den Chiffren des Daseins; der Dritte hat von Mache und Geschäft gesprochen, und der Vierte war entzückt, daß unsere heutige Verbrauchsgesellschaft gezwungen werde, einen solchen Unsinn schön zu finden und teuer zu bezahlen. Wie konnte da nur ein Verständnis zustande kommen?

Ich will aber auch jetzt keine gemeinsame Linie herausholen, sondern nur einen Gedanken äußern, der mich beunruhigt.

In der letzten Zeit hatte ich viel darüber nachzudenken, wie verschiedenartig nicht nur, sondern wie widersprechend die Antworten sind, die auf die Frage gegeben werden, was eigentlich der Mensch sei. Das schien um so erstaunlicher, als es sich ja doch nicht um etwas Fremdes, Fernliegendes, sondern um das Allervertrauteste und Nächste handelt, das jederzeit beobachtet und empfunden werden kann, nämlich um uns selbst. Welch sonderbares Problem muß doch der Mensch sein, wenn von ihm einander so radikal widersprechende Bestimmungen gegeben werden können, wie z. B. die des deutschen Idealismus, der im Menschen den geschichtlichen Ausdruck des absoluten Geistes sieht, und die des Materialismus, der sagt, er sei im Letzten nichts anderes als Tier und Stein! Daß ein so umfassendes und in so tiefer Bewegung befindliches Wesen, wie der Mensch, verschiedene Aspekte bieten muß, ist begreiflich – aber Widersprüche, und so sprengende, wie der genannte?

So konnte ich nur zum gleichen Ergebnis kommen wie Pascal, wenn er in seinen Pensées sagt, die Lehre der Offenbarung von der Urschuld und der durch sie im Menschenwesen angerichteten Verwirrung sei durch die Vernunft nicht zu verstehen; ohne sie würde aber das menschliche Dasein noch viel unverständlicher sein. Denn die Verwirrung ist ja nicht nur ins Handeln und Sich-Verhalten, sondern auch in das Denken selbst gegangen. Dafür scheint mir auch die neueste Kunst aufschlußreich zu sein. Sie scheint zu zeigen, daß der Mensch an sich irre wird. Nicht nur – wie etwa in der Malerei von George Grosz – das Böse im Menschen sieht, die kalte Grausamkeit, den Verlust echter Maßstäbe, sondern daß er den Menschen überhaupt aus dem Blick verliert. Immer hat es die Karikatur gegeben, die den Menschen durch Entstellung charakterisiert; ebenso wie den Versuch, ihn, z. B. in den Bildern der Heiligen, von seinen Gipfelungen her zu deuten – jene Künstler nicht zu vergessen, die, wie ein Goya, den Menschen dort zeigen, wo er vom Dämonischen erfaßt wird. Wenn aber ein Picasso sein Gesicht auseinandernimmt und die Teile so zusammenschiebt, daß nicht nur ein in seiner Schrecklichkeit enthüllter Mensch, sondern ein ganz anderes Wesen entsteht – was ist das? Oder wenn er das Verhältnis von Kopf und Körper, Hand und Arm so verändert, daß man meint, eine Bestie der Urzeit zu sehen? Das ist eine Antwort auf die Frage nach dem Menschen, die nicht nur von den Entstellungen des Gottebenbildes redet, sondern es ganz zerstört.

Was ein Mann wie Picasso da in großer Form tut, mit Mitteln, die mit ihrer Heftigkeit und ihrer künstlerischen Qualität immer wieder erregen, kehrt in alltäglicher, ja ordinärer Weise in Figuren wieder, mit denen Kino, Zeitung, Reklame, sogar Kinderbücher vom Menschen reden.

Als vor Jahren die Mickymaus auftauchte, und sie in den Filmen von Walt Disney ihr Wesen trieb – der kleine Kobold, der doch auch wieder so menschennahe war, zornig oder lustig, mit einer Gelenkigkeit begabt, für die es keine Gesetze der Schwere zu geben schien – da haben wir gelacht. Allmählich fiel uns aber auf, daß es unter den menschenähnlichen Gefühlen, die sich da ausdrückten, nie Freundlichkeit gab, nie Güte. Auch die Wichtel des Märchens sind Wesen, die sozusagen am Rande des Menschlichen stehen, aber sie haben neben ihrer Lust am Unfug auch wohltätige Einfälle, helfen manchmal der Not, gleichen Unrecht aus. Das tut die Mickymaus nie. Sie ist nur boshaft, und das Lachen, zu dem sie reizt, ist im Grunde nicht gut.

Dann entstanden neue Wesen ähnlicher Art: solche, die Enten ähnelten, oder Affen, oder Käfern, immer aber auf die menschliche Grundfigur bezogen waren. Umgekehrt entstanden Menschenbilder mit Riesenköpfen und winzigen Füßchen; solche, an denen nur der Bauch da war und der Kopf klein wie der einer Stecknadel; Wesen, deren Kopf nur aus Nase und Mund bestand undsofort. Nun ist die Bildwelt unserer Umgebung von diesem Ungeziefer voll, und wir dulden es nicht nur vor unserem abgestumpften Erwachsenen-Blick, sondern auch vor den verletzlichen Augen unserer Kinder. Sie gewöhnen sich daran, das Menschenwesen in Gestalten übersetzt zu sehen, die es ins Koboldische verkehren.

Wie erklären Sie sich den Vorgang? Zeigt er nicht an, daß der Mensch nicht mehr weiß, woran er mit sich selbst ist? Sich nicht nur rätselhaft ist, sondern an sich irre wird? Ja daß er sich vor sich selbst fürchtet? Diese Figuren kommen aus einer Tiefe, in welcher der Mensch sich preisgegeben hat.

Sie, lieber Freund, sind Pädagoge: glauben Sie nicht, daß die Erzieher Anlaß hätten, sich mit dem Phänomen sehr ernstlich zu beschäftigen?

Aus: Sorge um den Menschen, 1962, 249–252

33 Zur Klarheit gehört das Geheimnis

Das Dasein gewinnt jenen Charakter, den es – sagen wir, auf einem Stilleben von Cézanne hat. Da ist ein Tisch; auf dem Tisch liegt ein Teller; auf dem Teller sind ein paar Äpfel. Sonst nichts. Alles ist da, wohl beleuchtet und deutlich. Nichts mehr zu fragen, noch zu antworten. Und dennoch alles geheimnisvoll. Alles mehr als sein nächstes Es-selbst. Man kommt auf den Gedanken, das Geheimnis gehöre zur Klarheit hinzu. Es bilde den Tiefgang, den das Seiende haben müsse, wenn es nicht zur Attrappe werden solle. Vielleicht sogar, das Sein sei aus Geheimnis gemacht: die Dinge, die Vorgänge, das ganze Geschehen, welches »Leben« heißt.

Aus: Die Lebensalter und die Philosophie, 1955, 13–15

34 Pascal: Ein großer Christ und Wissenschaftler

Er ist Gelehrter und Mann von Welt zugleich; nicht leicht wiederkehrende Möglichkeit eines geschichtlichen Augenblicks, da das wissenschaftliche Bewußtsein der Neuzeit voll durchgebrochen, aber noch nicht von den versachlichenden Techniken des modernen Wissenschaftsbetriebes, sondern von der persönlichen Initiative der forschenden Persönlichkeit sowie der frei sich zusammenschließenden Gruppe getragen ist. Und endlich eine letzte Chance: das neuzeitliche Bewußtsein ist da, das voraufgehende aber noch nicht versunken. In Pascal berühren beide einander noch; so können wir den erregenden Vorgang des Durchbruches miterleben. Wir sehen die aneinanderstoßenden Wirklichkeiten von einem Inneren erfahren, die daraus entstehenden Fragen von einem Geiste gedacht, der jene Verarmungen des Weltbildes, jene Verkümmerungen der erlebenden Organe noch nicht erlitten hat, durch welche die Neuzeit soviel dürftiger ist als das Mittelalter. Pascals Erfahrung von der Welt hat einige Reaktionen mehr, sein Bild vom Menschen ist um einige Elemente reicher, sein Bewußtseinsbogen ist um einige Maße weiter gespannt, als es auch nur fünfzig Jahre später der Fall gewesen wäre.

An diesen Mann soll die Frage gerichtet werden: Wie geht das zu, wenn ein Mensch glaubt? Wie ist das auf solchem Glauben ruhende christliche Bewußtsein gebaut? Wie vollzieht sich ein Leben, das von solchem Glauben bestimmt ist?

Man hat Pascal einen »großen Christen« genannt. Kein Geringerer als Nietzsche hat ihn als solchen geehrt. Die Bezeichnung soll etwas Hohes ausdrücken; in Wahrheit deckt sie aber eine Fragwürdigkeit auf, welche das einfachhin gläubige Empfinden fühlt. »Ein großer Christ« – was ist das? Ein großer Unternehmer, Staatsmann, Gelehrter, Philosoph: das ist klar; aber »ein großer Christ«? Kann man in dem, was das Christliche ausmacht, »groß« sein? Offenbar nur, wenn entweder das »Christliche« oder das »Große« seinen unmittelbaren Sinn verändert. Es gibt wohl Jenen, der unter den höchsten Maßstäben des Christlichen lebt, den Heiligen, aber er wird sich leidenschaftlich dagegen wehren, groß genannt zu werden. Nicht nur aus Demut und um sich vor der Hybris zu schützen, sondern weil er fühlt, daß er dadurch – aus einer neuzeitlich-unchristlichen Verwirrung der Kategorien – in eine falsche Wertordnung gebracht wird. Er wird an Matth. 11,25 denken und an die darin vollzogene Umwertung der natürlichen Werte, zu denen eben jene Größe gehört. Anderseits gibt es den Religiös-Großen, das Genie der religiösen Erfahrung, der religiösen Erkenntnis und Lebensmeisterung, auch im Christlichen. Diese Größe stammt aber nicht aus dem Christlichen selbst, sondern wird in es hineingetragen. Wenn der Aufgabe des Christwerdens genügt wird, dann wird auch diese Größe getauft und umgewandelt. Immer aber bleiben Reste, und oft bleibt vieles daran »Rest«. Die Gefahr ist sehr groß, daß sich das Herz hinter der Arbeit an den Aufgaben des christlichen Denkens, Dichtens, Schaffens und Gestaltens seiner eigentlichen Aufgabe, dem Christ-Werden, entzieht – und welche Not, welche ohnmachtverhüllende Gewaltsamkeit, welche tiefste Unfruchtbarkeit in aller Produktivität kann das bedeuten!
Es heißt auf eine solche Möglichkeit hinweisen, wenn man einen genial veranlagten gläubigen Menschen einen »großen Christen« nennt. Der Verdacht regt sich, daß mit diesem Wort Gemeinte könne gerade darin bestehen, daß er nicht einfachhin Christ, einfachhin Glaubender und Liebender und Nachfolgender sei. Und die tiefste Entscheidung seiner Existenz könne gerade darin liegen, ob er sein »Großes« ins Christliche umwandelt; ob er

dessen Täuschungen und Bindungen überwindet und fähig ist, eben dieses Große, das seine Möglichkeiten, aber auch seine Gefahren enthält, in dem ihm zugewiesenen Sinne zu opfern.

Pascal war wohl kein Heiliger. Vielleicht war er wirklich nur »ein großer Christ«. Der Verfasser dieses Buches neigt zur Meinung, daß hier das eigentliche christliche »Problem Pascal« liegt. Dann aber wird man ihm so lange nicht gerecht, als man in ihm entweder den Heiligen, oder das weltreligiöse Genie sieht. Er war wohl keines von beiden, sondern ein Mensch, in welchem die Entscheidung für Christus und wirkliche Größe von der Welt her in bitterem Kampfe lagen. Und zwar gerade dann, wenn er christlich dachte und kämpfte. Gerade dann ist das Dunkelste in ihm durchgebrochen. Gerade in seinem religiösen Schaffen und Kämpfen hat sich Pascals Dämon erhoben.

Ebendarum gibt aber seine Persönlichkeit eine so tiefe Antwort auf die Frage, wie das zugeht, wenn ein Mensch glaubt.

Aus: Christliches Bewußtsein (1934) 1950, 12–15

V Das Ärgernis Mensch

Wir hätten diesen Abschnitt des Lesebuchs auch die »condition humaine« oder »conditio humana« nennen können, – eine treffende deutsche Version fällt mir nicht ein. Es geht darum, »wie es um den Menschen steht« (35). Man könnte angesichts dieser Texte auch von Romano Guardinis Humanismus sprechen (41), müßte dann aber gleich hinzusetzen, daß sein christlicher und speziell katholischer Humanismus nicht ohne weiteres harmonisch noch auch nur geschlossen ist (36). Das Göttliche zerstört das wahrhaft Menschliche nicht, und das wahrhaft Menschliche gefährdet den Glauben nicht, aber die Harmonie ist mindestens nicht statisch (38). Man spürt die Nachbarschaft zum dialogischen Denken Martin Bubers, stärker zu Blaise Pascal und selbstverständlich zu Franz von Assisi (43). Die Rechnungen zwischen Gott und den Menschen gehen nur auf, wenn der Mensch sich von Gott seine Menschlichkeit schenken und begrenzen läßt, aber sie gehen nicht glatt auf: der Mensch existiert als »Grenze« (37). Das ist eine fruchtbare Formel. Wenn Romano Guardini in einem sehr wichtigen und herausfordernden Satz sagt, jede Aussage über Gott sei falsch, wenn sie nicht in die Anbetung und in den Gehorsam eingehe, so dürfen wir den Gehorsam nicht gesetzlich verstehen: auch zu meiner Zeit war »Gehorsam« ein Name nicht für die kasuistische Befolgung der Gesetze (39), sondern ein Name für das Ja zu Gottes Ruf (42). Das wird angesichts der Herausforderung durch die Geschichte der Menschheit immer dringlicher. Zu Romano Guardinis Würdigung der Askese, die er unter anderem um der von der Menschheit zu bewirkenden Herrschaftsaufgabe willen für nötig hält (40), könnte man als Ergänzung eine neuartige Kritik des entsprechenden »Lasters« stellen: der »Verdrossenheit«, der »Trägheit« und falschen »Traurigkeit«: gefährdeten diese Laster in der Zeit, da Johannes Cassianus seinen Katalog aufstellte, das gemeinsame Leben im Kloster, wurde der Verdrossenheit auch

um dieses Lebens willen die Askese gegenübergestellt, so ist es
heute die Existenzgefährdung der Menschheit, die uns jene
gefährlichen Laster verbietet und (wie die Kardinaltugenden, so
auch) die Askese als heilsam erkennen läßt. Wie auch immer wir
aus der Krise der Normen herauskommen: der neue Richtpunkt
aller Normierungen ist die Herausforderung durch den drohen-
den Selbstmord der Menschheit. Alle überlieferten und gut
begründeten Normen des menschlichen Verhaltens bekommen
dadurch eine neue Dimension.

35 Die neuzeitliche Fragwürdigkeit des Menschen

Die Neuzeit ist auch bestrebt, den Menschen sinnmäßig aus dem
Zentrum des Seins herauszurücken. Für sie steht er nicht mehr
von überall her unter den Augen des Gottes, der die Welt
umschließt, sondern ist autonom, hat freie Hand und eigenen
Schritt – er bildet aber auch nicht mehr die Mitte der Schöpfung,
sondern ist irgendein Teil der Welt. Einerseits steigert die neuzeitliche Auffassung den Menschen hinauf, auf Kosten Gottes,
wider Gott; andererseits hat sie eine herostratische Lust, ihn zu
einem Stück Natur zu machen, das sich von Tier und Pflanze
nicht grundsätzlich unterscheidet. Beides gehört zusammen und
steht mit dem Wandel des Weltbildes in engem Zusammenhang.
Von hier aus fällt auch Licht auf ein Phänomen wie der Prozeß
gegen Galilei. Das Negative daran soll gewiß nicht entschuldigt
sein; ebenso sicher aber ist auch, daß er nicht nur ein Ausdruck
geistlichen Obskurantentums war. Zutiefst ging er aus der Sorge
um die existentiellen Grundlagen des Daseins hervor; um den Ort
Gottes wie um den des Menschen. Wohl sind diese »Orte«
Symbole; aber ein Symbol ist genau so real, wie eine chemische
Substanz oder ein körperliches Organ. Die Psychologie unserer

Tage hat das erkannt und beginnt damit wieder ein Wissen einzuholen, das dem mittelalterlichen Menschen selbstverständlich war. So kann man sehr wohl fragen, ob die Erschütterung, welche jener Umbau der Welt für die menschliche Existenz bedeutet hat, bereits verwunden sei? Es scheint nicht. Das wissenschaftliche Bild der Welt ist richtiger geworden, aber der Mensch scheint in ihr noch nicht wieder zu Hause – ebensowenig, wie für sein unmittelbares Gefühl Gott in ihr wieder zu Hause scheint.

Auch von dem her, was über die Elemente des neuzeitlichen Weltbildes gesagt wurde, ergeben sich für den christlichen Glauben besondere Fragen.

Wie steht es mit Gott und seiner Souveränität, wenn das Freiheitserlebnis des neuzeitlichen Menschen recht hat? Wie mit der geforderten Autonomie des Menschen, wenn Gott wesenhafter Gott ist? Wirkt Gott wirklich, wenn der Mensch die Initiative und Schaffenskraft hat, welche die Neuzeit behauptet? Und kann der Mensch handeln und schaffen, wenn Gott am Werk ist?

Wenn die Welt das ist, was Wissenschaft und Philosophie in ihr sehen – kann dann Gott in der Geschichte wirken? Kann er dann Vorsehung führen und Herr der Gnade sein? Kann er in die Geschichte eintreten und Mensch werden? Kann er in ihr eine Stiftung aufrichten, die mit göttlicher Autorität menschlichen Dingen gegenübertritt, die Kirche? Und wieder: Kann der Mensch ein echtes Verhältnis zu Gott haben, wenn die Kirche Autorität hat? Kann der individuelle Mensch in Wahrhaftigkeit zu Gott kommen, wenn die Kirche für alle gilt?

Diese Probleme kommen im religiösen Leben der Zeit zur Auswirkung.

Vor allem innerlich. Jene Möglichkeit, mit sich selbst einig und mit der Fragwürdigkeit des Daseins fertig zu werden, welche sich aus der Sicherheit eines altüberkommenen Weltzustandes ergibt, verschwindet. Der Mensch wird erschüttert, aufgelockert, angreifbar für die Fragen des Daseins . . . Wie das in Zeiten des Umbruchs immer geschieht, erregen sich die Tiefenschichten des Menschenwesens. Die Uraffekte erwachen mächtiger: die Angst, die Gewalttätigkeit, der Besitzwille, die Auflehnung gegen die Ordnung. Worte und Taten bekommen etwas Elementares und Berunruhigendes ... Auch die religiösen Grundkräfte regen sich. Die numinosen Mächte, draußen und drinnen, werden unmittelbarer empfunden, befruchtend, aber auch verwirrend und zerstörend ... In dieser Atmosphäre gewinnen die immer gegenwärtigen Fragen nach dem Sinn des Daseins, nach Heil und Unheil, nach dem rechten Verhältnis zu Gott, nach der richtigen Ordnung des Lebens eine neue Intensität. Die Widersprüche im menschlichen Inneren, zwischen dem Willen zur Wahrheit und dem Widerstand gegen sie, zwischen dem Guten und dem Bösen werden drängender erfahren. Die ganze Fragwürdigkeit des Menschen kommt ins Gefühl.

Die inneren Spannungen werfen sich aber auch nach außen, ins Geschichtliche, und es entstehen die großen religiösen Bewegungen der Zeit, vor allem jene, die wir mit dem Namen Reformation und Gegenreformation bezeichnen. Diese knüpfen zunächst an Probleme der Theologie, an Erstarrungen im kirchlichen System, an Mißstände der Lebensführung an – bedeuten aber auch, daß die allgemeine Wandlung innerhalb des christlichen Daseins selbst ausgetragen sein will.

Aus: Das Ende der Neuzeit, 1950, 58–61

36 Der Mensch vergißt, wer er ist

Nehmen Sie die heutige Wissenschaft vom Menschen, wie sie sich in Medizin, Psychologie, Soziologie, Historie ausdrückt. Finden Sie in dem, was sie sagt, sich selbst wieder? Wenn Sie die Suggestion wegtun, die sie umgibt; wenn Sie sich auf Ihr innerstes Wissen besinnen – haben Sie dann das Gefühl, Sie seien das Wesen, von welchem da die Rede ist? Erleben Sie nicht das Schauspiel, daß der Mensch mit einem gewaltigen Aufwand an

Tatsachen und Methoden von sich spricht, und dabei sich selbst entgleitet?

Oder nehmen Sie den modernen Staat, der so riesenhafte Leistungen der Ordnung und Verwaltung vollbringt – haben Sie das Bewußtsein, das Wesen, das da Gesetze gibt und befolgt, regiert und regiert wird, seien Sie selbst? Ist da nicht ein ungeheurer Apparat im Gang, der aber letztlich ins Leere greift? Steht es nicht so, daß da ein Wesen gefaßt, in Ordnungen eingefügt, zu Zwecken gebraucht und mißbraucht, gefördert und zerstört wird; und dieses Wesen wird »Mensch« genannt, ist aber in Wahrheit gar nicht der wirkliche Mensch, sondern ein gespenstisches Ding zwischen Halbgott und Ameise?

Es gibt die pathologische Erscheinung der Amnesie; im Zusammenhang mit dem Kriege ist sie nicht selten eingetreten. Da lebt ein Mensch, tut dies und das, hat aber vergessen, wer er ist. Damit fehlt seinem Dasein Mitte und Einheit. Etwas Ähnliches, aber in ungeheuerlichem Ausmaß, ist dem neuzeitlichen Menschen geschehen. Er ist wie Einer, der seinen Namen vergessen hat, denn sein Name ist eingebettet in den Namen Gottes. Man kann nicht den Namen des Lebendigen Gottes vergessen, und seines eigenen Namens, seines eigenen Lebenssinnes und Lebensweges inne bleiben. Das geht ebensowenig, wie eine Brücke stehen könnte, wo sie steht, wenn man das Ufer wegstieße, auf dem sie aufruht. Dieser Mensch ist fieberhaft tätig. Er leistet Ungeheures, um sich selbst zu bestätigen. Er bringt die Welt in seine Macht, um sie als sein Werk aufzurichten. Im Grunde weiß er aber nicht mehr, wer das Wesen ist, welches das tut, noch woher es kommt, noch wohin es geht.

Daß dieser Zustand aber nicht nur metaphysisch bleibt, sondern in die Wirklichkeit des seelischen wie des körperlichen, des individuellen wie des staatlichen, des wirtschaftlichen wie des kulturellen Lebens eingreift, sieht jeder, der sehen will.

Hier sind Zusammenhänge wirksam, die zu durchschauen eine Aufgabe des christlichen Denkens sein wird.

Und es wird sich zeigen, daß durch die Wirrnis der verschiedenen politischen, wirtschaftlichen, kulturellen Gegensätze, welche die

Welt erfüllen, zwei große Fronten gehen; auf denen die eigentlichen Dinge entschieden werden: die jenes Menschen, der den Anspruch erhebt, sein Dasein und sein Werk aus ihm selbst heraus zu verstehen, und die des anderen, der seinen Namen immerfort aus dem Namen Gottes, und seinen Auftrag vom wirklichen Herrn empfängt.

Aus: Nur wer Gott kennt, kennt den Menschen, 1952, 22f.

37 Haltung der Grenze

Beidesmal [in Auflehnung oder Hingabe] wird das Entscheidende aufgegeben; die Grenze; das eigentlich Menschliche. Nicht Welt zu sein; mehr als sie. Nicht ein Stück Natur; sondern mit dem Eigentlichen anders als sie. Nicht eine Welle im Strom, ein Atom im Wirbel, ein Organ im großen Zusammenhang, sondern Geist; Person, ihrer selbst mächtige, selbstverantwortliche Person; Gottes Ebenbild, unter seinem Anruf stehend, und von ihm her frei in dieser Welt. Anderseits aber nicht Gott. Nicht ein Stück von ihm; nicht Konkretisierung seiner grenzenlosen Sinnfülle; nicht Organ seines strömenden Geistes, und wie immer sonst noch der wesenhafte absolute Unterschied zwischen Gott und Mensch verwischt werden mag, sondern »absolut weniger« als er: sein Geschöpf.

Gottes Geschöpf ist der Mensch. So wird es unmöglich, sich ohne weiteres in ihn zu ergießen, und der Versuch dazu unerlaubt. Aller Weg zu Gott geht durch das Bewußtsein des unendlichen Abstandes; durch Ehrfurcht; durch »Furcht und Zittern« des Geschöpfes.

Aber Gottes Ebenbild; Geist und Person. Dadurch wird es unmöglich, Stück der Natur zu sein, und unerlaubt der Versuch, es zu werden. Vielmehr ist das Innerste des Menschen außer der Welt; vor Gott stehend, fähig und bestimmt, seinen Anruf zu vernehmen und ihm zu antworten.

Das alles aber heißt: Der Sinn des Menschen ist, lebendige Grenze zu sein und dieses Leben der Grenze auf sich zu nehmen und durchzutragen. Damit steht er in der Wirklichkeit; ist frei von den Verzauberungen falscher, unmittelbarer Gotteinheit wie unmittelbarer Naturselbigkeit. Eine Kluft; ein Bruch nach beiden Seiten hin. Sein Weg in die Natur gebrochen dadurch, daß er unter der Verantwortung Gottes steht. Damit sein ganzes Verhältnis zur Natur unter den Blick des Geistes, unter die Pflicht der Würde gestellt; Inhalt von Verantwortung. Sein Weg zu Gott gebrochen dadurch, daß er nur Geschöpf ist, daher zu Gott wesenhaft kommen muß in jenem Akt, der Trennung und Verbindung zugleich ist: in Anbetung und in Gehorsam. Jede Aussage über Gott, die nicht in den Akt der Anbetung eingehen kann, ist falsch; und falsch wiederum jedes Verhalten gegen Gott, das nicht in die Form des Gehorsams eingehen kann.

Hierin, in dieser Gesinnung zeichnet sich die eigentliche menschliche Haltung ab. Die Haltung der Grenze, die ebendamit die der Wirklichkeit ist.

Sie ist Wahrhaftigkeit, Tapferkeit und Geduld. Geduld vor allem. Die eigentliche Lösung freilich kommt erst aus dem Glauben; aus der Liebe Gottes.

Erst das Mysterium von Gethsemane – und hinter ihm das dunkle Mysterium der Sünde, mit allem, was sie gebracht hat – erst das gibt die eigentliche Antwort: daß der Herr »traurig gewesen ist bis zum Tode«; und daß er alle Last der Schwere hindurchgetragen hat in dem Willen des Vaters. Erst im Kreuz Christi liegt die Lösung für die Not der Schwermut. Darüber kann hier nicht mehr gesprochen werden – wie mir denn jetzt, am Ende, sehr zu Bewußtsein kommt, wie unvollkommen und bruchstückhaft alles ist, was gesagt wurde. Aber es mag stehenbleiben, weil ich Besseres noch nicht zu sagen weiß, und ich glaube, daß es wohltätig ist, wenn diese Dinge auch nur irgendwie ausgesprochen werden.

Auch davon konnte nicht mehr die Rede sein, wie tief die Fragen der Schwermut gestellt und die christlichen Antworten darauf gegeben werden in den Briefen des heiligen Paulus. In kurzen

Sätzen geschieht es; in Ausrufen; im Unterton der ganzen Erörterung; in der Farbe und im Klang. Eine richtige Theologie der Schwermut liegt da, verständlich freilich nur dem, »der erfahren hat«.

Hier kommt auch die Antwort auf jenes in der Schwermut, für das es »Lösung« auf Erden überhaupt nicht gibt.

Aus: Unterscheidung des Christlichen, 1962, 252 f.

38 Freiheit Jesu

Das Einzigartige an Christus besteht nicht darin, daß er den Köstlichkeiten der Welt entsagt und Entbehrung auf sich nimmt, sondern daß er frei ist. [. . .] Vollkommene, in sich stehende und klare Freiheit – das ist das Große am Herrn. So frei ist er von allem Begehren, von aller Angst um Besitz oder Unterhalt; so frei aber auch vom Widerstand gegen die Dinge und vom Krampf der Entsagung; so frei besonders von jedem auch verborgensten Groll gegen das, was er nicht genießt, daß es einem nur langsam aufgeht. In Jesus ist die Freiheit ganz natürlich. Sie fällt überhaupt nicht mehr auf. Ruhig liegt sein Blick auf den Dingen, soweit er überhaupt auf sie achtet. Was schön ist, sieht er für schön. Die Güter des Lebens nimmt er auch als solche. Im übrigen wendet sich alle Kraft des Schätzens und Liebens zu Gott. Eine Natürlichkeit, die als reinste Frucht aus seiner Gottes-Einung hervorgeht – wie denn überhaupt die »Natürlichkeit«, um die es im Christentum geht, nicht den Beginn, sondern die Erfüllung des Strebens darstellt.

Ebendarum aber hat Christus eine so mächtige Kraft, in dem Menschen, der sich ihm öffnet, den Trieb nach den Gütern der Welt zu ordnen.

Aus: Der Herr, 1937, 377

39 Tägliche Unfreiheiten und die Freiheit

Man wird einen Menschen frei nennen, wenn er tun kann, was er will; wenn er die äußere Freiheit der Entschließung und Bewegung hat. Bei manchem ist es ja so, daß ihm von Vorgesetzten oder Angehörigen überall Vorschriften gemacht werden. Darin ist er natürlich nicht frei. Er will wandern und darf nicht, möchte sich einer Gruppe anschließen, aber es wird ihm verboten; er würde eine Arbeit gern so anfassen, wie er sie für richtig hält und muß sie nach fremder Weisung machen; es zieht ihn zu einem bestimmten Beruf, er kann ihn aber nicht ergreifen . . . All das ist Unfreiheit und kann sehr drücken.

Noch schwerer wird die Unfreiheit, sobald die Umgebung andere Gesinnung hat. Das kann jedem geschehen und überall. Man versteht ihn nicht; lehnt ihn ab; will ihm die eigenen Ansichten aufzwingen. Was ihm lieb ist, wird nicht ernst genommen. Was er erstrebt, macht man lächerlich. Man sucht ihm eine Geselligkeit aufzunötigen, die ihm zuwider ist; Umgangsformen, Vergnügungen, Kleidung, die er nicht mag . . . Das kann nun Gesellschaft sein oder Berufsumgebung, Familie oder Internat, oder was immer sonst. Es kann zu einer richtigen Tyrannei werden, und Leute, die für sich jede Freiheit in Anspruch nehmen, sind anderen gegenüber oft am rücksichtslosesten. Ist dann einer noch von Natur nachgiebig oder leicht verschüchtert, dann kann er dabei um alle Selbständigkeit kommen. Die beständige Kritik nimmt ihm das Vertrauen zu sich selbst. Er denkt nicht mehr aus dem eigenen Sinn heraus, sondern aus dem der anderen. Er paßt sich an, findet schön und häßlich, recht und unrecht, edel und verächtlich nicht mehr, was ihm sein eigenes Herz sagt, sondern was die anderen ihm aufdrängen. Bis er schließlich nicht nur äußerlich unfrei wird, sondern auch innerlich.

Und solcher Unfreiheit gibt es viel. Manche stecken tiefer darin, manche weniger. Irgendwie aber haben wir alle damit zu tun, denn jeder steckt in Verhältnissen, die er nicht ändern kann. Er steht in einer Familie und muß die Angehörigen nehmen, wie sie sind. In der Schule kann er sich Klassengenossen, Lehrer,

Einrichtungen nicht wählen, sondern muß sich mit denen abfinden, die nun einmal da sind. Er steht im Beruf, in Büro und Werkstatt, in bestimmten gesellschaftlichen Verhältnissen und hat mit ihnen fertig zu werden. So spürt jeder in irgendeiner Weise den Druck der äußeren Unfreiheit. Wann wäre einer hierin ganz frei? Wenn er kommen und gehen könnte, wie er will; arbeiten, was er für gut hält, sein Leben einrichten, wie es ihm liegt; wenn er eine Umgebung hätte, die seine Ansichten achtet... Mit einem Wort, wenn er Herr seiner Entschließungen und Bewegungen wäre. Das wäre Freiheit, und es verlohnt sich wohl, danach zu ringen. Es gibt ja Lagen, an denen nun einmal nichts zu ändern ist. Verhältnisse in Familie, Schule und Beruf, mit denen man sich abfinden muß. Aber in der rechten Weise, daß Ehrerbietung und Nächstenliebe dabei nicht verletzt werden. Und man kann auch viel erreichen. Vor allem muß man sich selbst treu bleiben. Will einer zum Beispiel in einen bestimmten Beruf und findet Widerstand, dann soll er sich erst klar werden: Was will ich? Warum? Und dann immer wieder eingesetzt mit einem rechten Wort zur rechten Zeit! Zugleich wird er sich in Arbeit und Haus anstrengen, damit die Eltern sehen, daß er recht gewillt ist; wird sich im Ton, in der ganzen Haltung Mühe geben, damit durch die Kraft der guten Gesinnung der Widerstand überwunden wird. Vielleicht meint einer, das sei »Diplomatie« und unwahrhaftig. Klar heraussagen solle man, was man will und damit fertig. Oh nein! Es ist einfach vernünftiger, zielbewußter Wille, der gute Mittel für eine gute Sache einsetzt. Mit grobem Auftreten, sogenannten unbedingten Forderungen, mit Auflehnung und Krach erreicht man wenig Gutes, dafür um so mehr Unfrieden und Verdruß. Gewiß gibt es Lagen, wo man genau sieht: Es geht um meine Seele. Um das innere Heil-sein meines Lebens. Um Beruf und Lebenswerk. Da kann es notwendig werden, daß man sich mit offenem Widerstand durchsetzt. Aber man muß sich ehrlich sagen können, daß es wirklich um Wichtiges geht, daß man alles andere versucht hat und nicht weiter gekommen ist. Aus lauterem Herzen heraus müßte solch ein offener Kampf geführt werden. Schon oft ist uns etwas ungeheuer wichtig erschienen und war doch nur eine Liebhaberei. Mancher hat geglaubt, sein ganzes Leben hänge daran, und nach kurzer Zeit wurde ihm die Sache gleichgültig. Hat gemeint, er könne es nicht mehr aushalten, er müsse heraus, und später sah er ein, daß er unbequemen Pflichten hatte ausweichen wollen. Es gibt also wohl Fälle, die eine Kraftprobe fordern, doch im allgemeinen können wir genug erreichen, wenn wir beharrlich bleiben, bei guter Gelegenheit immer wieder einen neuen Versuch machen, zugleich aber unsere Pflichten sorgfältig erfüllen und uns im Umgang zusammennehmen. Dabei kommen wir freilich immer einmal an eine Grenze, wo das anfängt, was eben nicht zu ändern ist. Da heißt es denn, sich mit guter Haltung in das Unvermeidliche fügen.

Besonders notwendig wird der Kampf, wo es gilt, seine Überzeugung gegen eine gewalttätige Umgebung zu verteidigen. Hier vor allem eins: Nicht irre machen lassen! Klassenkameraden, Genossen in Werkstatt und Fabrik, Kollegen in Geschäft oder Amt mögen noch so drücken – nicht irre machen lassen! Es geht um die Freiheit.

Aus: Briefe über Selbstbildung, 1930, 104–107

40 Selbsterziehung heute

Wir müssen wieder lernen, daß die Herrschaft über die Welt die Herrschaft über uns selbst voraussetzt; denn wie sollen Menschen die Ungeheuerlichkeit von Macht, die ihnen immerfort zuwächst, bewältigen, wenn sie sich selbst nicht formen können? Wie sollen sie politische oder kulturelle Entscheidungen fällen, wenn sie sich selbst gegenüber immerfort versagen?

Es gab eine Zeit, da haben Philosophen, Historiker und Dichter das Wort »Askese« als Ausdruck mittelalterlicher Lebensfeindschaft angesehen und eine Ethik der Unmittelbarkeit und des Sich-Auslebens vertreten. Mittlerweile hat sich das wohl geändert, wenigstens bei solchen, deren Denken und Urteilen aus Verantwortung kommt. Jedenfalls tun wir gut, uns klar zu machen, daß ohne Askese nie etwas Großes geworden ist; worum es aber heute geht, ist etwas sehr Großes, nein Endgültiges. Es ist die Entscheidung, ob wir das uns aufgetragene Herrschaftswerk so vollbringen, daß es zur Freiheit, oder aber zur Knechtschaft führt.

Askese bedeutet, daß der Mensch sich selbst in die Hand bekomme. Dazu muß er das Unrechte im eigenen Innern erkennen und es wirksam angreifen ... Er muß seine physischen wie geistigen Triebe ordnen, was ohne Selbstüberwindung nicht möglich ist ... Er muß sich erziehen, seine Habe in Freiheit zu besitzen und das Geringere um des Höheren willen zu opfern ... Er muß um die Freiheit und Gesundheit seines Inneren kämpfen; gegen die Maschinerie der Reklame, gegen die Flut der Sensationen, gegen den Lärm in allen Formen, wie sie von allen Seiten her auf ihn eindringen ... Er muß sich zur Distanz erziehen; zur Unabhängigkeit des Urteils; zum Widerstand gegen das, was »man« sagt ... Straße, Verkehr, Zeitung, Rundfunk, Kino stellen Aufgaben der Selbsterziehung, ja der elementarsten Selbstverteidigung, die weithin nicht einmal geahnt, geschweige denn klar gestellt und in Angriff genommen sind ... Überall kapituliert der Mensch vor den Mächten der Barbarei – Askese bedeutet, daß er nicht kapituliere, sondern kämpfe, und zwar an der entscheidenden Stelle, nämlich gegen sich selbst. Daß er durch Selbstzucht und Selbstüberwindung von innen heraus wachse, damit das Leben in Ehren stehe und seinem Sinn gemäß fruchtbar werde ...

Ferner: Wir müssen wieder im Ernst die Frage nach dem letzten Beziehungspunkt unserer Existenz, nach Gott stellen.

Der Mensch ist nicht so beschaffen, daß er in sich fertig wäre und außerdem, je nach Meinung und Belieben, zu Gott in Beziehung treten könnte oder auch nicht; sein Wesen besteht vielmehr entscheidenderweise in seiner Beziehung zu Gott. Den Menschen gibt es nur als auf Gott bezogenen; und dadurch, wie er diese Beziehung versteht, wie ernst er sie nimmt und was er aus ihr heraus tut, bestimmt sich sein Charakter. Das ist so, und daran ändert kein Philosoph noch Politiker, kein Dichter noch Psychologe etwas.

Es ist nicht gut, vor Wirklichkeiten zu tun, als ob sie nicht wären, denn dann rächen sie sich. Wenn Triebe verdrängt werden, oder Konflikte unbereinigt bleiben, entstehen Neurosen. Gott ist die Wirklichkeit, welche jede andere, auch die menschliche, begründet. Wenn Ihm sein Recht nicht geschieht, wird das Dasein krank.

Aus: Die Macht, 1951, 116–119

41 Person und andere Person – die Sprache

Bedarf also die Person, um sie selbst sein zu können, der anderen Person?

Es hat sich gezeigt, daß sie sich in der Ich-Du-Beziehung aktuiert, nicht aber aus ihr entsteht. Der aktualistische Personalismus behauptet zwar, es gebe die Person als Ruhend-Seiendes überhaupt nicht; sie bestehe nur im Akt des Ich-Tuns und werde nur im Mitvollzug des Sympathieverhältnisses aufgefaßt. Diese Anschauung steht im Gegensatz zu jener anderen, welche Person mit Individuum gleichsetzt, die also nur als Objekt nimmt. Beide sind dialektisch voneinander abhängig und beide lösen die Wirklichkeit auf. In Wahrheit ist Person nicht nur *Dynamis,* sondern auch Sein; nicht nur Akt, sondern auch Gestalt. In der Begegnung entsteht sie nicht, sondern sie aktuiert sich nur darin. Wohl aber hängt sie davon ab, daß überhaupt andere Personen seien. Sie ist nur dann sinnvoll, wenn er andere gibt, mit denen Begegnung geschehen kann. Ob diese auch tatsächlich zustandekommt, ist eine andere Frage; ein Mensch könnte ja auch auf eine unbewohnte Insel verschlagen werden und dort bleiben müssen. Ebensowenig ist damit gesagt, daß er auf jene Person treffen müsse, die ihm den erfüllenden Bezug gewährt. Es gibt viele

Formen und Grade der Begegnung, auch die tragische, aus welcher nur noch Verzicht und Weisheit den personalen Sinn herausholen können. Hier handelt es sich um die ontologische Tatsache, daß es grundsätzlich die Person in der Einzigkeit nicht gibt.

Wir können den Sachverhalt auch so ausdrücken, daß der Mensch wesentlich im Dialog steht. Sein geistiges Leben ist darauf ausgerichtet, mitgeteilt zu werden. Das bedeutet nicht, er sei sozial veranlagt. Es gibt ganze Zeiten, die individualistische Struktur haben; gibt auch im Leben jedes Menschen Phasen, während derer er sich in sich selbst verschließen muß, wenn er nicht Schaden leiden soll. Hier ist etwas gemeint, was im Wesen der geistigen Existenz selbst liegt; die Tatsache, daß geistiges Leben sich wesentlich in der Sprache vollzieht.

Die Sprache bildet nicht nur ein Mittel, durch das man Ergebnisse mitteilte, sondern geistiges Leben und Arbeit vollziehen sich selbst im Sprechen. Das Denken etwa ist kein vor-wortlicher Akt des Geistes, der erst nachher, auf Grund eines Entschlusses oder einer besonderen Absicht, ins Wort träte, sondern geht vom ersten Augenblick ab in der Form inneren Redens vor sich. Die Sprache ist kein System von Verständigungszeichen, mittels deren zwei Monaden in Austausch träten, sondern der Sinnraum, in welchem jeder Mensch lebt. Sie ist ein durch überindividuelle Gesetze bestimmter Zusammenhang von Sinngestalten, in den der Einzelne hineingeboren und durch den er geformt wird. Sie ist ein dem Einzelnen gegenüber unabhängiges Ganzes, an welchem jener nach dem Maße seiner Begabung etwas formt. In dieser Welt von Sinngestalten existiert der Mensch. Die Sprache gewährt, wie Heidegger sagt, »überhaupt erst die Möglichkeit, inmitten der Offenheit von Seiendem zu stehen«. Durch die Sprache wird die Wahrheit zum objektiven Raum. Sprechen im eigentlichen Sinn des Wortes kann man aber nicht mit sich selbst, sondern nur mit dem Anderen; so drängt das volle, in der gemeinsamen Verantwortung für die Wahrheit und in der Verbundenheit des Menschenschicksals geschehende Sprechen auf die Verwirklichung des Ich-Du-Verhältnisses. Damit bildet die

Sprache den objektiven Vorentwurf für das Zustandekommen der personalen Begegnung.

Aus: Welt und Person, 1939, 155–158

42 Das Ärgernis Christus

Was bedeutet im Sinne des Neuen Testamentes das »Ärgernis«? Nicht, daß die reine Fülle des Guten und Wahren in die Welt gekommen wäre, offen dastünde, die Menschen aber, aus Verworfenheit oder Unbotmäßigkeit oder Verblendung, sich ihr verschlössen. So einfach liegen in der Wirklichkeit die Dinge nicht. Wohl ist in Christus die Gotteswahrheit und ewige Liebe lebendig erschienen, aber »in Knechtsgestalt«, menschlich nach Rede und Handlung. Darum erwacht ihr gegenüber nicht nur jene Empörung, die schon an sich im Menschen gegen die himmlische Forderung lauert; auch nicht nur die Gereiztheit gegen dieses persönliche Wesen da, das so Großes zu sein beansprucht – sondern da ist noch die scheinbare Verdunkelung des Gotteslichtes durch die irdische Konkretion und die Einengung des freien, unendlichen Gottessinnes in das Jetzt und Hier des Geschichtlich-Wirklichen, und der Drang regt sich, den Gottessinn in seiner Freiheit und Absolutheit zu wahren. Dieser Drang aber verbindet sich mit jener Empörung, und die Empörung legitimiert sich aus ihm. Daß die Ablehnung der Gottesbotschaft mit gewichtigen Gründen geschehe; daß die Ablehnung des letzten Wertes durch echte, freilich vorletzte Werte begründet werde – darin erst besteht das Ärgernis. [...]
Das Neue Testament sagt uns auf jeder Seite, wie tief das Ärgernis mit der Existenz Christi zusammenhängt. Als die Boten des Täufers kommen: »Johannes hat uns zu Dir gesandt, daß wir fragen: Bist Du es, der da kommen soll, oder sollen wir auf einen anderen warten?« – antwortet er: »Gehet und meldet dem Johannes, was ihr gesehen und gehört habt: Blinde sehen, Lahme

gehen, Aussätzige werden rein, Taube hören, Tote stehen auf, Armen wird die frohe Botschaft verkündet, und selig, der an mir kein Ärgernis nimmt.« Auf die Frage antwortet er also mit dem messianischen Prophetenwort, das nun in Taten und Zeichen erfüllt ist. Aber sofort fügt er hinzu: »Selig, der an mir kein Ärgernis nimmt!« Ein solcher ist also groß und zu preisen, denn die Gefahr, an Christus Ärgernis zu nehmen, liegt unaufhebbar und dringlich in seinem Dasein selbst, und es ist schwer, ihr nicht zu verfallen. In Christus selbst, darin, daß er Mensch ist, liegen die »Einwände« dagegen, daß er der Sohn Gottes sei. Gerade das, was Gottes Liebe tut, die Annahme der Knechtsgestalt, spricht dagegen, daß Gottes Liebe wesenhaft und persönlich hier sei: »Ist dieser nicht der Zimmermannssohn?« So bildet denn auch tatsächlich sein Leben eine beständige Entfesselung dieses Ärgernisses, immer neu, bis er mit der ganzen Apparatur von Recht und Ordnung dafür gestraft wird, daß er den Anspruch erhebt, zu sein, der er ist. So viel »Gründe« gibt es gegen ihn, daß er nur »den Kleinen und Unmündigen« offenbar wird, welche von Gründen nichts wissen, und den »Zöllnern und Dirnen«, welche durch das Verdikt, das von Weisen und Tüchtigen, Staatstreuen und Ehrbaren her auf ihnen selbst liegt, davor geschützt sind, ihrerseits Verdikte zu fällen ...

Aus: Religiöse Gestalten in Dostojewskijs Werk, 1964, 390–393

43 Franziskus: Ein mißglückter Reformator?

Die letzte und vollkommene Offenbarung der Liebe Gottes geschah durch das, was niemals hätte geschehen dürfen. Daß Christus im Tode verstummen mußte; daß sein Wille, die unendliche messianische Möglichkeit des offenen Gottesreiches zu verwirklichen und die Welt in der Macht des Heiligen Geistes umzuwandeln, nicht erfüllt werden konnte; daß alles in ein unausdenkbares Opfer eingehen mußte – das lebt nun weiter in der christlichen Geschichte als deren Herzgeheimnis und Herz-kraft.

Wenn wir uns nicht täuschen, hat Franziskus auch dieses Geheimnis erlebt und mitvollzogen, wie keiner sonst. Davon, wie weit man dies versteht, hängt aber dann das Verständnis seines ganzen Daseins ab. Er hat wohl ursprünglich nicht einen Orden gewollt, in dem Sinne, wie ein Benedikt oder Bernhard. Was er eigentlich gemeint hat, ist wohl ein lebendiger Zustand der Christenheit gewesen. Darin sollte ein engster Kreis stehen, von denen gebildet, welche die unmittelbare Nachfolge Jesu übten. Um sie her die Andern, die in Familie, Besitz und Beruf standen, aber aus der Glut jenes Herdes umgewandelt waren. Die Begriffe des ersten, zweiten und dritten Ordens waren wohl Hilfsvorstellungen, mit denen etwas Neues gemeint wurde. Dieses Neue scheint aber nicht anders angesprochen werden zu können, als mit dem Namen »Reich Gottes«. Vielleicht sagen wir behutsamer: es sollte sich zum offenen, geschichtsverwandeln-den Gottesreich der messianischen Möglichkeit so verhalten, wie die Nachfolge zum Urbild. Auch es hat sich aber nicht verwirk-licht. Die Härte der Geschichte hat es nicht erlaubt, und Franzis-kus hat in ein Opfer von einer Einsamkeit und Schwere eingehen müssen, die Gethsemane und Golgatha mitvollzog. *Davon* sind die Stigmen der körperliche Ausdruck.

Es ist eine Oberflächlichkeit und ein Unrecht, sein Schicksal nach dem Schema zu denken, worin auf der einen Seite der hochgemute, unbedingte und freie Mensch, das Gotteskind in seiner Unmittelbarkeit steht – auf der andern Seite die etablierte geistliche Gewalt, die auf Wahrung ihres Rechtes und ihrer Herrschaft bedachte Autorität. Wenn das Schema zutrifft, hat Franziskus Schiffbruch erlitten. Dann ist er entweder der absolu-ten Tragik erlegen, die für den reinen, gottunmittelbaren Men-schen aus der Enge und Härte des Daseins kommt – oder er ist zu schwach gewesen, um die Bande zu zerreißen, die er hätte zerreißen sollen. Dann ist er entweder eine Offenbarung der unentrinnbaren Tragik des außerordentlichen Einzelnen – oder ein mißglückter Reformator. Beides macht Franziskus unverständlich. Er kann nur aus einer größeren, nein aus der letzten Tiefe verstanden werden: Aus dem Mitvollzuge des Opfers, das Jesus Christus vollbracht hat, der Sohn Gottes, der »alles wußte«.

Sein Leben ist nur als ein Opfer tiefster Einsamkeit in Christus zu verstehen. Was aus seinem Werk wurde, war nicht das, was hätte werden können. Es bekam jenen Charakter der Eingeschränktheit, den alles Christliche trägt, nachdem die messianische Möglichkeit nicht angenommen worden ist. Aber in ihm lebte das Opfer des heiligen Franziskus weiter. Franziskus scheint anders in seinem Werke zu stehen, als ein Benedikt oder Bernhard oder Dominikus. Das Verhältnis ist rätselhaft und bringt den Betrachter in Gefahr, es tragisch oder protestantisch mißzuverstehen. Wenn wir recht sehen, lebt Franziskus in einer Weise darin weiter, welche nachfolgend mitvollzieht, wie Christus in der christlichen Geschichte weiterlebt. Er ist Urheber, er ist Stifter, er ist lebendiges Urbild – aber in der Form des Opfers; so daß es sich an jeder Stelle auf ihn berufen kann und dennoch an jeder Stelle an ihm ihr Gesicht findet.

Aus dem Nachwort zu: Der Bericht über das Leben des heiligen Franz von Assisi (1934), [3]1981, 256–258

VI Die Not des Daseins

»Einsamkeit« (44), »Verlorenheit« (45), »Heimlosigkeit« und »Gefangenschaft« (46), Tötungstrieb (47): das sind existentielle, mit der Existenz des Menschen gegebene Nöte. Romano Guardini ist ein Meister, wenn er sie heraufruft und beschreibt. Es sind keineswegs die Nöte nur der feinen Leute, die sich manchmal zu viel auf sie einbilden. Jedenfalls ist aber von Hunger und Durst, Arbeitslosigkeit, Wohnungsnot, Entwürdigung, Versklavung nicht die Rede, – in dem Zitat »Not und Hilfsbereitschaft« (48) immerhin in Andeutungen. Die »Hilfsbereitschaft« leitet ja auf sie hin: sie wird durch materielle und soziale Not eher provoziert als durch die Entfremdungen des personalen Lebens. Die materiellen sind immer existentiell wichtig und oft stehen sie in der Skala der Dringlichkeiten höher als die Seelennöte. Romano Guardini besteht – in der Gefahr, mißverstanden zu werden – auf dem Existenzrecht der Not; auch daß er die inzwischen als »Helfersyndrom« erforschte Fehlhaltung vieler Helfender kennt, gehört zur Korrektur des allzu simplen Schemas »Not und Hilfe«. Liegt es nahe, von eigenen Nöten auszugehen, wenn Romano Guardini Existenznöte aufspürt, so spricht er vor allem im letzten Zitat von sich selbst: er ist zeit seines Lebens von der Schwermut bedroht und zuweilen geplagt gewesen, einer Not, die er hier am Beispiel Hölderlins behandelt (49). Ich meine nicht, daß man irregeht, wenn man alles, was er über Hölderlins Schwermut sagt, cum grano salis auf ihn selbst bezieht. Als ich mit ihm einmal über seine eigene Schwermut sprach, nannte er unter den Trost- und Hilfsmitteln nach der Hingabe an Gott, den Nächsten und »die Dinge« und nach dem Glaubensvertrauen – den Humor. Er hielt viel von ihm, und er äußerte ihn gern.

44 Die Einsamkeit

Während der stillen Zeit soll jeder zu sich selbst kommen und mit sich allein sein. Schweigen, so sahen wir, bedeutet nicht nur, daß nicht gesprochen werde, sondern daß die innere Fülle aufsteige; auch Einsamkeit meint nicht bloß, daß wir nicht mit andern seien. Auch Einsamkeit ist eine Fülle. In ihr ist man mit sich selbst; so, daß ein schöner Reichtum, eine Unendlichkeit aufsteigen kann; so, daß Er, Gott, sich erhebt – ebenso wie das eigentliche Schweigen jene Stille bedeutet, in welcher die Nähe Gottes vernehmbar werden kann.

Was im Einsamwerden liegt, kann durch Sätze nahegebracht werden wie diese: Ein Mensch ist außer sich ... er kommt zu sich ... Sehr oft, fast immer sind wir »außer uns«. Nicht nur, wenn uns irgendeine Aufregung durcheinanderbringt, sondern auch, und gerade, wenn wir uns wohl fühlen. Fast immer sind wir draußen bei den Andern. Wir wollen gar nicht bei uns selbst und einsam sein. Wir empfinden da eine Öde, und die scheuen wir.

Einsam werden bedeutet immer, durch einen Wüstengürtel hindurchzugehen, und manchmal ist's so, daß die Wüste kein Ende nimmt. Daß in ihr niemand ist, denn man selbst ist noch gar nicht richtig Einer, bei dem man sein könnte. Das Selbst ist ja nichts Fertiges, sondern etwas, das wächst. Wirklich im Selbst zu leben ist anstrengend; meist halten wir uns nur bei unserem oberflächlichen »Subjekt« auf. Damit steht es aber kümmerlich; so ist es eine langweilige Sache, bei ihm zu sein.

Das eigentliche Menschenselbst erwacht erst in dem Maße, als es vor Gott gelangt, auf ihn hin lebt, und von ihm her auf die Dinge zu. Sein echtes Selbst finden, heißt immer auch Gott finden, und sei es nur in der Form echten Verlangens. So sind wir unterwegs zu Gott, und ebendamit unterwegs zu uns selbst. Wer aber in die Einsamkeit tritt, fühlt das. Er fühlt sich eigentlich bei überhaupt niemand, deshalb, weil er selbst noch nicht richtig Einer ist.

Man muß also tapfer sein und von dem bunten, gegenwärtigen Getriebe, von dem unterhaltenden Miteinander der Menschen fortgehen. In die Wüste gehen, wo es scheinbar nichts gibt, weil das echte Selbst erst im Werden ist, verborgen, gefährdet, angestrengt; das andere hingegen, das »natürliche«, kümmerlich und langweilig; von Gott aber oft nicht einmal die Sehnsucht. Da heißt es aushalten, vorangehen, weitersuchen. Solchem Suchen aber ist das Finden verheißen: Daß man allmählich das wirkliche Selbst findet, mit dem man in stiller Einsamkeit sein kann, deshalb, weil es in Gott ist.

Aus: Wille und Wahrheit, 1937, 65 f.

45 Die Verlorenheit des Menschen

Wenn wir ohne vorgefaßten Optimismus den Gang der menschlichen Geschichte betrachten – können wir dann sagen, der Mensch lebe in vollkommener Ordnung des Daseins oder er sei auf eine solche hin unterwegs? In Einzelheiten wohl, etwa hinsichtlich wissenschaftlicher Forschungsmethoden, technischer und wirtschaftlicher Probleme usw. Aber im Ganzen? Ist der heutige Mensch in besserer und vollständigerer Ordnung als der vor hundert oder tausend Jahren, sobald als Maßstab nicht irgend eine spezielle Entwicklung, sondern die lebendige Ganzheit in ihm selbst, in seinem Verhältnis zur Welt und zu Gott angesehen wird? Die Kriege der letzten fünfzig Jahre, die bis auf den Grund gehenden Verwüstungen, die Diktaturen und ihre Folgen sind nicht wie Meteore von irgendwoher auf die Erde gefallen, sondern Ergebnisse der voraufgehenden kulturellen, sozialen, politischen Geschichte selbst – und sie haben das Feld für Kommendes bereitet. Kann aber ein Menschenwesen in Ordnung sein, das eine solche Geschichte mit solchem Ergebnis hervorbringt? Man sagt, das sei eine Phase auf dem Weg zu künftiger Ordnung – betrachtet man aber den Gang der Geschichte, so bekommt man den Eindruck, sie bestehe aus lauter solchen »Phasen«. Und man zweifelt sehr daran, ob sich das je ändern werde. Selbstverständlich kann man viele Dinge nennen, die vervollkommnet, viele Mißstände, die behoben worden sind. Haben sich aber nicht dafür jeweils andere gebildet? Ein Beispiel, das wir heute erleben, das typisch für viele andere ist: Durch anderthalb Jahrhunderte geht der Kampf um die Fürsorge des Staates für die Schwächeren, die Sicherung gegen Wechselfälle der Gesundheit, des wirtschaftlichen Lebens usw. Jeder Erfolg ist gewiß ein Gewinn – erleben wir aber nicht auch, wie die staatlich gewährleistete Wohlfahrt selbst sich als Gefahr enthüllt? Die Gefahr nämlich, daß dadurch Wille und Kraft zur Verantwortung für sich selbst und die eigene Familie, Mut zur Zukunft und Vertrauen auf das Leben geschwächt werden? Sehen wir nicht, wie ein Typus Mensch heraufkommt, der sich auf den Staat verläßt und vom Staat lebt? Wie sich eine staatliche Apparatur, eine Bürokratie entwickelt, die in jeden Bereich des Menschenlebens hineingreift? Und also der Mensch, der immer mehr vom Staat erwartet, sich ebendadurch immer mehr dem Staat ausliefert?

Nur in der Psychologie des Einzelnen finden sich Phänomene der Störung, die nicht aus äußeren Ursachen oder aus Krisen der Entwicklung abgeleitet werden können. Dazu gehört etwa die Tatsache, daß Lebensimpulse einander widersprechen. So werden zum Beispiel Triebe nach Genuß wirksam, die sich bis zur Sucht steigern können; ihnen steht jener der Selbsterhaltung gegenüber, verbunden mit dem Bewußtsein, daß durch den Genuß Gesundheit und Bestand in Frage gestellt werden. Also ein von innen kommender Widerspruch, der sich beim Tier nicht findet; der sich aber auch beim Menschen nicht finden dürfte, wenn die Ökonomie des Lebens in Ordnung wäre. Wir sind an solche Widersprüche so gewöhnt, daß uns gar nicht mehr zum Bewußtsein kommt, wie sinnwidrig sie sind.

Nach derselben Sinnrichtung geht das, was die Tiefenpsychologie den »Todestrieb« nennt; also die verschiedenen Impulse, sich selbst zu schädigen, ja im letzten sich die Möglichkeit des Lebens zu zerstören: Depressionen, Unwertsgefühle, Entwirklichungs-Empfindungen, Ängste, Gefühle der Schwere und Gehemmtheit. Zu akuter Wirkung gelangt diese Tendenz im Angriff gegen das eigene Leben, im Selbstmord. Untersuchungen der letzten Zeit haben nachgewiesen, daß sie in der Regel weder auf Krankheit noch auf konkrete Schwierigkeiten, sondern auf Erlebnisse der Sinnlosigkeit zurückzuführen sind: der Einsamkeit, des Wahrheitszerfalls, der Skepsis, der Langeweile, der Lebensleere – ja daß im vollkommenen Wohlfahrtsstaat der Selbstmord scheinbar besonders häufig ist. Im Selbstmord zieht das Erlebnis der Sinnlosigkeit seine Konsequenzen. Wie kann es aber dazu kommen, da doch die Möglichkeit der Sinnfindung, die Fülle der Werte offen stehen? Hier laufen philosophische, psychologische, spirituelle, personale Verstörungen zusammen und erzeugen das Gefühl, ein Weiterleben sei sinn-los, ja unmöglich – ein Grenzfall, der sich aber in vielerlei Graden bis zu den täglichen Verstimmungen abstuft, die ohne hinreichende Ursachen auftreten und Leben und Werk bedrohen.

Da ist weiter die beunruhigende Erscheinung, daß jeder Wert, sobald er verwirklicht wird, das heißt also: in das Spiel der seelischen Kräfte kommt, seinen eigenen Widerspruch hervorruft. Nehmen wir als Beispiel den Kampf um Gerechtigkeit. Die Aufmerksamkeit konzentriert sich auf ihn; die seelischen Energien werden in seinen Dienst gestellt; die Widerstände veranlassen zu immer größerer Anspannung – bis das Verhalten den Charakter des Extremen, Fanatischen annimmt und der Wert sich selbst zerstört . . . So wäre noch vieles zu nennen. Die Erscheinung, daß die Verwirklichung bestimmter Werte mit dem Verlust anderer, und zwar wesentlicher, bezahlt wird; zum Beispiel das Verschwinden der kontemplativen Kräfte und der numinosen Erfahrung, die Auskühlung des Gefühls, die Kontaktarmut des Einzelnen u. a. Der Zustand des Menschen ist nicht der einer ursprünglichen Ordnung, wie wir sie beim Tier finden; die verschiedenen geistigen, seelischen, physischen Impulse stehen nicht in sicherem Gleichgewicht, sondern ihr Spiel ist zuinnerst gestört. Wo aber ein solches Gleichgewicht dazusein scheint, gewinnt es selbst in der Regel einen negativen Akzent: der Beschränktheit und Selbstzufriedenheit. Diese von innen her wirkende Unordnung steht denn auch deutlich im Bewußtsein:

als Macht des Chaos. Das aber nicht als schöpferisches Moment der drängenden, noch ungegliederten Fülle verstanden – zum Beispiel als Chaosphase des künstlerischen Gestaltungsvorgangs; in kosmischer Größe das »Wüst und Wirr« der Genesis (1,2) –, sondern als das feindliche Chaos der Zerstörung, siehe die Ungeheuer des Mythos, die Mächte, welche den Untergang der Welt wollen.

Was aber die Psychose in ihren verschiedenen Formen, die eigentliche Geisteskrankheit angeht, so hat sie gewiß physische Ursachen, Schädigungen organischer Art; im Innersten ist sie aber ein Widerspruch der Person zu sich selbst; ein Zerfallen ihrer geistig-sittlichen Einheit. Die Person ist nicht mehr imstande, zu sich, aber auch zu der Person des anderen Menschen, zur Wirklichkeit des Lebens und seiner Inhalte ein einheitlich-positives Verhältnis zu finden. Die Wurzel ist so sehr geistiger Art, daß dafür die Formel gefunden werden konnte, eine seelische Erkrankung sei im Grunde die Unfähigkeit, richtig zu lieben. Alles das sind keine Schäden oder Mängel, die einfachhin hätten vermieden werden können oder zu beheben wären. Ihnen liegen Verstörungen in den Wurzeln zugrunde.

Aus: Die Existenz des Christen, 1976, 206–209

46 Heimlosigkeit und Gefangenschaft

Das Phänomen der Heimlosigkeit begegnet uns geschichtlich in vielfältiger Form. Da ist einmal der Zustand der Sammler, Jäger und Hirten, die keinen festen Wohnort haben. Sofort wird man aber einwenden, hier handle es sich um eine Kulturstufe, durch die der Mensch hindurchgehe. Lassen wir das so stehen . . . Da sind weiter die Wanderungen ganzer Völker, deren Lebens- und Nahrungsraum nicht mehr ausreicht und die sich anderswo ansiedeln wollen. Auch das ist ein zunächst durchaus »normales« Phänomen; nur muß beachtet werden, daß darin nicht nur Not wirksam ist, sondern auch innere Unrast; daß Verwüstungen angerichtet werden, die nicht notwendig sind, sondern aus dem Haß des Heimlosen gegen den Ansässigen, des Kriegers gegen den friedlich Arbeitenden hervorgehen... Hinzu kommen die unzähligen Kriegszüge, die überhaupt keinen konstruktiven Zweck haben, sondern nur zerstören, denken wir an die Heerfahrten der Wikinger oder an die Einfälle der Tataren... Weiter das Phänomen der Ungeborgenheit auch innerhalb etablierter Zustände. So werden wir gerade heute durch die Tatsache beunruhigt, welch großer Prozentsatz von Menschen infolge wirtschaftlich-sozialer Mißstände nicht wirklich »wohnt«, sondern nur irgendwie »unterkommt«... Von da setzt sich das Phänomen ins Inner-Menschliche fort. Wie viele Menschen haben das Bewußtsein, bei sich selbst »zu Hause« zu sein? Von der Umgebung zu empfangen, was sie geben soll: nämlich Lebensraum, Halt und Bergung? In sie hineintun zu können, wovon sie Ausdruck sein soll: nämlich das eigene Wesen und die eigenen Gestaltungskräfte? Bei einer genauen Prüfung wird sich zeigen, daß die Menschen, bei denen es so steht, der kleinere Teil sind.

Dringen wir von hier aus noch einmal tiefer, so kommen wir auf bestimmte Formen der Daseinserfahrung: die Ungeborgenheit, die Fremdheit und die Leere als existentielle Zustände... Diese Erfahrung hat sich in geschichtlich bedeutsamer Form ausgedrückt, wenn eine Umstrukturierung der Kulturformen dem Menschen das Gefühl gab, er stehe im Ortlosen. Erinnern wir uns an die Haltung und Philosophie der Stoa in der ausgehenden Antike. Der Stoiker fühlt, daß die Welt ihm nicht freundlich, daß er von ihr nicht getragen ist. So übt er sich darin, alles, was ihm genommen werden kann, selbst preiszugeben und sich in das zu sammeln, was ihm wesenhaft ist: das reine Selbst... Ein ähnliches Gefühl der Ortlosigkeit hat den Menschen der beginnenden Neuzeit ergriffen, als er erlebte, wie das ortgebende Gefüge des mittelalterlichen Weltbildes zerfiel. Da sagt ein Pascal, er fühle sich von Abgründen des Unendlichen verschlungen und finde kein Wann noch Wo noch Wie, wo er stehen könnte... Das gleiche Gefühl haben Sie heute wieder in der extremistischen

Philosophie der Existenz. Sie spricht von der Grundangst des Menschen, der fühlt, wie das eigene endliche Sein ohne bergenden Stand sich dahinbewegt, umgeben vom Nichts, das Macht hat und das endliche Sein in Frage stellt. Sie sagt, die Existenz sei eine solche, die auf den Tod hin bestimmt ist; sagt gar, es gebe überhaupt weder Ordnung noch Sinn, sondern der Mensch müsse sehen, wie er sich in der radikalen Absurdität behauptet.

So wäre noch vieles zu sagen, das jeweils seine durchaus einleuchtenden psychologischen, soziologischen, historischen Gründe hat; in dem sich aber ein Sinnzusammenhang abzeichnet – das, was die Vertreibung aus dem Paradies meint: die Heimlosigkeit. Mit »Heim« ist nichts Idyllisches gemeint; nicht die Möglichkeit, hinter sicheren Türen warm zu sitzen, sondern ein Grundverhältnis zum Sein. Im Paradies hat der Mensch ein Verhältnis zu den Dingen, worin er ihnen und sie ihm nahe sind. »Nahe« im qualitativen Sinn des Verstehens, Einvernehmens, Anteilhabens. Er kann bei ihnen, mit ihnen, in ihnen sein. Das gleiche Verhältnis hat er zu sich selbst: er ist bei sich zu Hause; weiß über sich Bescheid. Alle Aufgaben der Weltergreifung, alle Kühnheiten des Hinausgehens sind in dem Zustand eingefaßt, aber umgriffen von jener Nähe, die aus der Nähe zu Gott und aus dem Einvernehmen mit Ihm stammt. Das geht verloren, und an die Stelle der vertrauten tritt die fremde Welt. Wir dürfen uns das von der Freude am Wagnis, dem Sich-zu-Hause-Fühlen in der erworbenen und gestalteten Umwelt nicht überdecken lassen. Es geht um ein zentrales Moment, das immer wieder in kritischen Erscheinungen durchbricht – auch unter der Menge der Menschen, der Masse, ja da besonders; auch wenn der Mensch sich überall von Einrichtungen, Organisationen, Beamten umgeben fühlt.

Eine pathologische Ausdrucksform dieser Fremde ist die Kontaktlosigkeit oder Beziehungslosigkeit, in welcher der Mensch das Gefühl hat, zwischen ihm und den Dingen liege eine isolierende Schicht; er könne sie nicht berühren. Die Menschen seien fern; er könne nicht zu ihnen hinüber. Er sei auch sich selbst fern und entgleite sich – was alles sich bis zu den Erfahrungen der

Leere und des Sinnverlustes verschärfen kann. Auch dieses Moment ist ein Existential und wird, im Ganzen gesehen, durch keine Kultur aufgehoben. Kein Fortschritt in der Bedürfnisbefriedigung, keine Verbesserung des ökonomischen Systems oder der sozialen Struktur hebt die Fremdheit im Dasein auf – eher könnte man das Gegenteil sagen.

Das hat, wie alle Elemente des unmittelbaren Lebens, einen dialektischen Gegenwert: die Gefangenschaft. Derselbe Mensch, der sich grundsätzlich fremd fühlt – eine Fremdheit, die bleibt, auch wenn er Dinge und Menschen noch so gut kennt – diese Fremdheit schlägt immer wieder in ein Gefangensein durch das Ding um. Wenn Sie das Dasein durchgehen, alle die verschiedenen Formen, wie der Mensch sich zur Welt verhält, werden Sie immer wieder entdecken, wie er den Gegenständen verfällt. Der Arbeitende gerät in den Bann der Arbeit; nicht bloß der äußeren Notwendigkeit, sondern des inneren Beherrschtseins durch sie. Der Schaffende erfährt den Zwang des Leistens; der Erfinder wird vom Drang getrieben, zu »machen, daß etwas funktioniert«; der Forscher gehorcht dem Zug des noch Unbekannten; der Wandernde der Lockung der Weite. Unabsehlich ist die Zahl der Weisen, wie der Mensch dem anderen verfällt: der Familie mit ihren biologischen und soziologischen Bindungen; dem sozial Übergeordneten; dem Arbeits-Team; dem Menschen, den man liebt, wie jenem, den man haßt. Das kann sich bis zur Hörigkeit steigern; als Element ist es aber in allen menschlichen Beziehungen enthalten und stellt eine der Grundaufgaben des sozialen Ethos dar. Nicht zu vergessen das Verfallen an sich selbst: die Eitelkeit; die Blindheit gegen die negativen Möglichkeiten der eigenen Struktur und den Lebensgang der Umgebung; die inneren Zwänge, Gewohnheiten, Süchte in allen ihren Formen . . . Überall die Gefahr, daß das Verhältnis zum Seienden die Freiheit verliert und ihm verfällt. – In der gleichen Richtung liegt das Verfallen an die Wirklichkeit, das Gefangenwerden durch sie. Es ist die Kehrseite der »Fremdheit«. Was sich in ihm realisiert, ist nicht echte Nähe, sondern Verlust der Freiheit. Der Mensch, den eine Sucht beherrscht, ist nicht in ihr geborgen; das Objekt, das sie meint, bleibt ihm nach wie vor fremd – so sehr, daß es den Charakter des Dämonischen annehmen kann. Es gibt die Illusion, in ihm Nähe und Geborgenheit finden zu können, um aber immer wieder zum Erlebnis zu bringen, daß das nur Schein ist . . . Alle Dionysismen; alle Lehren, sich an »das Leben«, an »die Natur« hinzugeben, verheißen Nähe. Was in Wahrheit eintritt, ist Bannung. Weltanschaulich kommt dieses quälende Paradox in den monistisch-pantheistischen Weltbildern zum Ausdruck. Sie sind von der gewaltigen Anziehungskraft beherrscht, die das All, die große Einheit, die Tiefe des Daseins ausüben, und verheißen, diese könne zu echter Nähe, echtem Anteilhaben führen. Immer wieder zeigt sich aber, daß das eine Illusion ist und Nähe mit Gefangenschaft, Gemeinschaft mit Zerstörung der personalen Würde verwechselt wird.

Auch darin zeigt sich der Verlust des Paradieses; denn Paradies ist Nähe in Ehrfurcht, ist Gemeinschaft mit dem Seienden in der Freiheit der Person.

Aus: Die Existenz des Christen, 1976, 139–142

47 Das Töten und der Trieb zum Töten

Hier wird die Tatsache, daß der Mensch unter dem Tode steht, aktiv. Wie offenbarend, wenn die erste menschliche Tat, von der nach dem Verlust des Paradieses gesprochen wird, der Mord des Bruders am Bruder ist (Gen 4,8)! Ein ehrlicher Blick in das menschliche Innere, wie es in Wahrheit ist, in die uns umgebende Wirklichkeit und in den Gang der Geschichte zeigt, wie ungeheuerlich der Wille zum Töten ist. Rationalismus und Naturalismus verstehen das menschliche Töten als einen Teil eines allgemeinen Phänomens, das »Kampf ums Dasein« heißt. Man muß aber blind und im Grunde wahrheitsflüchtig sein, um nicht zu sehen, wie verschieden das menschliche Töten vom tierischen ist. Das Tier tötet, weil und soweit seine Selbsterhaltung es nötigt. Beim

Menschen liegt die Sache anders. Was ihn in Wahrheit dazu treibt, sind Antriebe negativer Natur: Neid, Eifersucht, Machtwille, Grausamkeit, Zerstörungsdrang, Aggression aus Angst oder Minderwertigkeitsgefühl, das sich durch die Destruktion des Anderen kompensieren will, Besitzgier usw. Selbst dort, wo das Töten rational, das heißt, mit Lebenserfordernissen begründet wird, kommt die angebliche »Notwendigkeit« oft nur zustande, weil ein Wille zum Töten das an sich mögliche Ordnen der Lebensdinge verhindert. Hier feiern die Verschleierung, die Idealisierung, die Verlogenheit Triumphe. Wenn man genauer prüft, was da alles an »Notwendigkeiten« von der Ehre, vom Prestige, von den Notwendigkeiten des Volkslebens, von Ausweglosigkeiten der Geschichte her konstruiert und dann mit den Techniken der Diplomatie, der Publizistik, der Propaganda der Öffentlichkeit eingehämmert wird, kann man den Glauben an menschliche Redlichkeit verlieren. Wenn man vollends den Blick auf das richtet, was die letzten Jahrzehnte als schauerlichste Form des Tötens möglich gemacht haben, nämlich das kalte, technisch verfahrende Ausrotten, dann muß man sagen: was sich da vollzieht, ist ein Meisterstück der Blindheit, ja der Unwahrhaftigkeit, die nicht sehen will, was hier vor sich geht: das sind nicht die gleichen Phänomene, wie wenn ein Tier das andere tötet, sondern Ausdrucksformen einer Verwirrung und Entstellung im Innersten des Menschen. Eben das meint das Wort der Schrift, wenn sie sagt, »durch die Sünde sei der Tod in die Welt« gekommen: der Tod des Menschen, wie er jetzt ist; die Todesmacht, wie sie jetzt in der Geschichte wirkt.

Und ich möchte Ihnen etwas zu bedenken geben: Ob nicht seit einiger Zeit – schwer zu sagen, seit wann – etwas vor sich gegangen ist, das man nur als eine »Kapitulation vor dem Tode« bezeichnen kann? Läßt nicht jener Protest gegen den Tod nach, von dem die Rede war? Ein Nachlassen, das mit einer Schwächung des Gefühls für das Personale, für die Ehre und die Würde des Menschen zusammengeht; ein Vorgang, der mit der Massenhaftigkeit des menschlichen Daseins einerseits und mit der technischen Rationalisierung anderseits zusammenhängen muß? Hier

liegen ethische Aufgaben, die, wie es scheint, noch nicht ange-
faßt sind.

Aus: Die Existenz des Christen, 1976, 150 f.

48 Not und Hilfsbereitschaft

[. . .] Die aus dem Unglauben kommende Gesinnung [. . .] sagt
nicht nur, der Not müsse geholfen werden, sondern sie solle
überhaupt nicht sein. Aus ihr könne letztlich kein echter Wert
hervorgehen. Es sei des Menschen unwürdig, in Not zu stehen,
Hilfe anzurufen und Hilfe zu leisten. Sie brauche aber auch nicht
zu sein, denn sie gehe aus einer falschen Ordnung der sozialen
Dinge, aus verkehrten Vorstellungen von Gesundheit und Krankheit, aus ungerechter Verteilung des Besitzes hervor. So könne
die Aufgabe einzig darin bestehen, die Not zu beseitigen. Alles
Helfen dürfe nur als ein Provisorium angesehen werden. Daher
dürfe es auch nicht den Charakter der Freiwilligkeit oder Großmut haben, sondern müsse zu einer Funktion des Staates werden,
die möglichst zweckmäßig und mit dem geringsten Aufwand
persönlicher Beteiligung zu geschehen habe.
Es ist nicht zu leugnen, daß auch in diesen Gedanken echte
Momente liegen. Aus dem Hilfesuchen und Hilfeleisten kann
wirklich ein ungutes Wesen werden, und es geschieht öfter, als
man denken möchte: ein Ineinander von Trägheit und Feigheit
auf der einen, von Selbstgenuß und Herrschgelüst auf der anderen Seite. Dadurch verfestigt sich manche Not zu einem Zustand,
der beseitigt werden könnte, wenn eine energische Initiative
zugriffe. Darüber darf aber nicht vergessen werden, daß die
beschriebene Gesinnung sich absolute Illusionen über die Wirklichkeit unseres Daseins macht, und die Tiefe der Verworrenheit
in den menschlichen Dingen nicht sieht. Ebenso, daß sie wesentliche Werte der menschlichen Beziehungen zerstört, und das
Dasein dadurch in einer nicht auszugleichenden Weise verarmt.

Endlich aber macht uns die Erfahrung der letzten Jahrzehnte darauf aufmerksam, wie leicht der Wille, das Leiden zu beseitigen, in den übergeht, die Menschen zu beseitigen, die leidend sind, und deren Leiden nicht mehr, oder nur durch echte Selbstlosigkeit überwunden werden kann. Fr. W. Foerster hat darauf aufmerksam gemacht, daß der Leidende im Zusammenhang des Daseins eine wichtige Aufgabe hat: den Nicht-Leidenden – Gesunden, Kraftvollen, Wohlstehenden – vor den Gefahren der Selbstsucht, Gedankenlosigkeit, Härte, ja Grausamkeit zu schützen, die in seinem Zustande liegen. Man versteht das Menschenwesen nicht, wenn man nicht versteht, wie problematisch die »Gesundheit« ist – in all ihren Formen, individuellen und sozialen, und wie sehr sie eines beständigen Korrektivs bedarf.

Das alles ist gesagt, um in dem Gedankengang, der uns eigentlich beschäftigt, die Komplikationen sichtbar zu machen, die in ihm liegen.

So paradox es klingt: Man kann der Not, der Bedrängnis, dem Leiden in all seinen Formen nur dann wirklich beikommen, wenn man zunächst einmal das »Recht« der Not, zu sein, anerkennt. Das Helfen darf nicht darin bestehen, daß man das Phänomen der Not ausstreichen will, denn dann erzeugt man einen Zustand, der nichts anderes als verkleidete Selbstsucht ist – Blindheit gegen das Wirkliche, Härte gegen den in der Not stehenden Menschen – und dessen Konsequenzen schlimmer sein müssen als die Not selbst.

Aus: Der Dienst am Nächsten in Gefahr, 1956, 22 f.

49 Hölderlin: Schwermut als Ausdruck der Not des Daseins

Eine letzte Form des religiösen Bezugs ruht auf der Tatsache der Not.

Äußere Not, wie körperliche Beschwerde und wirtschaftliche

Bedrängnis, tritt, obwohl Hölderlin von ihr nur allzuviel erfahren mußte, in seiner Dichtung nicht weiter hervor. Um so stärker redet die seelische Not. Neben einem dichterischen Schöpfertum und dem damit eng verbundenen religiösen Erfahren bildet Hölderlins Schwermut den wichtigsten Zugang zum Verständnis seines Innenlebens. Sie durchströmt sein ganzes Werk und gibt seinen Gedichten und seiner Sprache ihren letzten Charakter.

Was Schwermut sei und worin ihr existentieller Sinn bestehe, ist nicht leicht zu sagen, denn ihre Äußerungen sind sehr vielgestaltig, und sie ist dem Leben wie dem Tode, dem Schaffen wie der Zerstörung benachbart. Der schwermütige Mensch ist zuinnerst gebunden; von einem Bereiche her, der vor dem gestalteten, handelnden und schaffenden Dasein liegt. Das meint nicht, er sei kalt oder stumpf; gleiche Begabung vorausgesetzt, steht er in einer tieferen Beziehung zum Leben als andere. Er empfindet stärker und zarter; seine Freuden sind leuchtender und seine Schmerzen wehtuender. Aber er ist vom Innersten her nicht ganz in eigenen Stand und eigenes Handeln freigegeben. Er ist fühliger für Form und Geschehnis als andere, erfährt tiefer den Sinn der Dinge, und wenn er schöpferisch begabt ist, dann wird jener Zusammenhang mit den Urmächten gerade zur Quelle, die sein Werk speist; er selbst aber wird dessen nicht eigentlich froh, denn in jede Stunde, durch deren Handeln und Leiden der Mensch sonst sich selbst lebt, greifen die Mächte hinein und holen den Schwermütigen zurück. Er ist wissender als andere, mit dem Wissen des Eingeweihtseins in die Tiefe; aber dieses Wissen hilft ihm nicht viel, denn es formt sich nicht zu Werkzeug und Waffe, sondern gibt allem nur eine größere Schwere. Er strebt danach, in klare Gestalt und freies Handeln zu gelangen, das Tastende zu überwinden und ins Helle aufzusteigen; aber es gelingt immer nur schwer und für eine kurze Strecke. Wenn er freilich, von den Kräften des Geistes und einer selbstlos ihn meinenden Liebe getragen, durch beständige Überwindung zur Gelassenheit und Weisheit durchdringt, dann erscheint ein Menschentum, das höher steht, als das der von vornherein Freigegebenen, Erfolgreichen und Glücklichen.

Hölderlin war ein schwermütiger Mensch, und die Überwindung blieb ihm versagt. Seine Schwermut hat in der Nacht geendet.

In seinem Werke wird sie überall fühlbar. Sie ist es, die sein Empfinden so zart, zugleich aber so schmerzlich und gefährlich stark macht. Aus ihr kommt die tiefe Traurigkeit und auch die Lieblichkeit und wieder der unsägliche Freudenglanz seiner Sätze. Aus ihr die besondere Nähe, Dringlichkeit, ja Überwertigkeit, welche den in ihm herrschenden Vorstellungen eignet. Dazu gehört vor allem der Bereich des Einst, der Vergangenheit. Der Vergangenheit der Geschichte, vor allem der Geschichte Griechenlands, wie auch des eigenen Lebens, der Jugend. Beide Bereiche ziehen den immerfort Gedenkenden durch eine übermächtige Sehnsucht in sich zurück. Dieser Sehnsucht entspricht, nach vorn gewendet, die Hoffnung auf die Zukunft. Aber keine durch stetigen Fortschritt erreichbare, natürlich-geschichtliche, sondern eine absolute Zukunft, im Grunde ebenso unzugänglich wie die verlorene Vergangenheit. Dazwischen der bedrängend empfundene Augenblick, in welchen einbrechend die absolute Zukunft die verlorene Vergangenheit wiederbringen soll. Auch die Vorstellung der Wiederkehr selbst, erregend stark und doch zuinnerst von einem Gefühl der Vergeblichkeit in Frage gestellt, ist schwermütiger Art, denn sie hängt eng mit dem Erlebnis des Verlorenhabens und darüber hinaus mit der Erfahrung der Vergänglichkeit zusammen:

Den gleichen Charakter wie die zeitliche Ferne hat die räumliche. [. . .]

Auch diese Ferne ist unerreichbar und bliebe es, selbst wenn ein freundliches Schicksal den sich Sehnenden nach Griechenland führte, denn sie liegt jenseits jedes empirischen Landes. Ebenso ersehnt und ebenso unerreichbar steht ihr die nächste Nähe, die Heimat gegenüber, denn das, was der Schwermütige in ihr sucht, ist die absolute Geborgenheit, das reine »Innen«, in das er nie wieder zurückgelangen kann, seitdem er »offnen Augs die eigenen Pfade« betreten.

Aus: Hölderlin, 1955, 323–325

VII Das Ganze im Alltag

Dicht gedrängt sind im letzten Abschnitt dieses Lesebuches Hinweise zur Spiritualität des normalen Lebens, der »Umkehr« (50) im Alltag und darüber hinaus bis hin zur Geschichte. Halte ich sie nebeneinander, so fällt mir meine eigene Kurzformel der Moral ein: sie sei die Verbindung von Zuwendung und Anstrengung. Als zeitgemäße Tugenden (52) nennt Romano Guardini den »Ernst, der die Wahrheit will«. Er nennt zweitens die Tapferkeit, die sich dem heraufdrohenden Chaos entgegenstellt, – Thomas von Aquin hat definiert, sie sei die Bereitschaft und Fähigkeit, »das Böse anzuspringen«; unter dem Stichwort »Mut« wird im weiteren Verlauf des Abschnittes diese Tugend ins Produktive gewendet (56): als Versuch, es daraufhin zu wagen, daß die Zukunft, auch die eigene Zukunft nicht im Chaos sein wird, sondern »durch Gottes Hand ihm zugeordnet«; das wird »besonders in Zeiten dringlich, in denen geschichtliche Epochen enden und neue beginnen, [. . .] das Verhältnis zur Zukunft im Großen, zum Gang der Geschichte«. Als dritte Tugend nennt Romano Guardini die innere Freiheit angesichts der zeitgenössischen Zwänge und Suggestionen. Auch die Polarität von Aktion und Kontemplation gehört hierhin (51). Die »Liebe« (53) wird nicht in ihren möglichen enthusiastischen, emphatischen oder auch charismatischen Dimensionen gesehen, sondern da wo es mit ihr besonders ernst wird: in ihrer Nüchternheit, eben als »Zuwendung und Anstrengung« (54); das wird auch am Exempel Ehe eindrucksvoll exemplifiziert (55). Im letzten Zitat (60) wird man die Unterscheidungen, die Romano Guardini über »Norm« und »Wert« macht, mit Nutzen bedenken; vor allem aber stoßen wir hier auf eine Vorstellung, die wie für Augustinus und später für Blaise Pascal, so für Romano Guardini selbst zentral gewesen ist: auf »das Herz«. Wenn Romano Guardini das Herz einmal etwa als den »Geist« bezeichnet – »der in Blutnähe gekommen ist«, dann zeigt das die Nähe dieser christlichen Denker. Wer die »Herz-Jesu-Verehrung« retten wollte, könnte sich an dieser Definition orientieren... Wichtiger ist, daß wir alle uns diese Einsicht zu eigen machen, die alle Systematik: jenes alltägliche Hinterfragen nach der Gerechtigkeit (57), jene spitzfindige Unterscheidung zwischen dem christlichen Besitzen und Armsein (58) oder zwischen »den Heiligen« und »normalen« Christen (59) hinter sich läßt.

50 Notwendige Umkehr

Die Neuzeit neigt dazu, notwendig werdende Erneuerungen intellektuell und organisatorisch anzufassen. Die Aufgaben, welche uns heute erwachsen, sind aber so ungeheuer, daß tiefer angesetzt werden muß.

Wenn die Wissenschaft begonnen hat, die Elemente der Natur aufzubrechen, dann muß etwas Analoges im Menschlichen geschehen: der Mensch muß die Elementar-Tatsachen seiner Existenz prüfen. Tut er das nicht, dann gehen die Dinge immer fremder über ihn weg. Man ist weithin der Meinung, Technik, Wirtschaft, Politik müßten »realistisch« geführt werden, versteht aber darunter eine Handlungsweise, welche die letzten Werte, das personale Schicksal des Menschen, den Anspruch Gottes außer acht läßt. In Wahrheit ist das ebensowenig »realistisch«, wie wenn das Phänomen der Krankheit rein körperlich gesehen, und die psychologisch-biographischen Momente vernachlässigt werden. Die Medizin erkennt immer deutlicher, in welchem Maße der Körper von der Seele her gesund oder krank ist, und daß erst jene Diagnose realistisch genannt werden kann, welche die ganze Realität, also auch die seelisch-geistige in Rechnung stellt. Entsprechendes gilt hier. Es gibt bereits Menschen, und vielleicht sind es gar nicht so wenige, denen gegenüber man, ohne auf Hohn oder Skepsis zu stoßen, behaupten darf, worauf es

ankomme, sei eine *Metanoia:* eine Prüfung der ganzen Lebens-
haltung und eine Änderung der Weise, wie Menschen und Dinge
gesehen und genommen werden. Diese Menschen sind es, auf die
es für die künftigen Entscheidungen ankommt, und an sie wendet
sich das, was im Folgenden gesagt werden soll.

Aus: Die Macht, 1951, 111

51 Aktion und Kontemplation

Wir müssen wieder etwas von dem verwirklichen, was kontemplative Haltung heißt – aber verwirklichen, nicht nur interessant
davon reden.
Überall ist Aktion, überall Organisation und Betrieb – von woher
werden sie aber gelenkt? Von einem Innern, das bei sich selbst
nicht zu Hause ist, sondern aus seinen Oberflächenbereichen,
dem bloßen Verstand, dem Zweckwillen, den Macht-, Besitz-,
Genußimpulsen heraus denkt, urteilt, handelt. Das keinen Kon-
takt mit der Wahrheit, mit der Mitte des Lebens, mit dem
Wesentlichen und Bleibenden mehr hat, sondern irgendwo im
Vorläufigen und Zufälligen herumtreibt. So muß die Tiefe des
Menschen wieder erwachen. In seinem Leben muß es wieder
Zeiten, in seinem Tag Augenblicke geben, in denen er still wird,
sich sammelt und sich mit offenem Herzen eine der Fragen
vorlegt, die ihn am Tage berührt haben. Mit einem Wort: er muß
wieder beten und meditieren.
Wie er das tun soll, kann man nicht allgemein sagen. Es hängt
davon ab, welche Grundüberzeugungen er hat; wo er religiös
steht; aus welchem Temperament und in welcher Umgebung er
lebt. Auf jeden Fall muß er sich aus der Hetze herausholen; still
und anwesend werden; sich einem Wort der Frömmigkeit, der
Weisheit, der sittlichen Ehre öffnen, ob er es nun aus der Heiligen
Schrift, aus Platon oder Pascal, aus Goethe oder Jeremias Gott-
helf holt. Er muß sich der Kritik stellen, die dieses Wort an ihm

übt, und von dorther eines der Probleme prüfen, welche das tägliche Leben an ihn heranträgt. Erst eine solcherweise vertiefte Haltung kann den Mächten der Umwelt gegenüber Stand gewinnen.

Dann: Wir müssen wieder die elementare Frage nach dem Wesen der Dinge stellen.

Schon eine flüchtige Prüfung zeigt uns, wie schematisch wir sie nehmen; wie sehr wir durch Konventionen bestimmt sind; aus welch oberflächlichen Gesichtspunkten des Vorteils, der Bequemlichkeit und Zeitersparnis wir sie handhaben. Die Dinge haben aber ein Wesen; wenn das verkommt oder vergewaltigt wird, dann zieht sich ein Widerstand zusammen, gegen den weder List noch Gewalt mehr helfen. Die Wirklichkeit sperrt sich dann gegen den menschlichen Griff. Die Ordnungen gehen aus den Fugen. Die Achsen des wirtschaftlichen, gesellschaftlichen, politischen Gefüges laufen sich heiß. Man kann mit den Dingen nicht umgehen, wie man will, wenigstens nicht im Ganzen und auf die Dauer, sondern nur so, wie es ihrem Wesen entspricht, sonst bereitet man Katastrophen vor. Wer sehen kann, sieht, wie überall die Katastrophe der falsch gehandhabten Wirklichkeit im Gange ist.

Also müssen wir wieder an das Wesen des Seienden herankommen und fragen: Was ist Arbeit, sobald sie im Zusammenhang des Lebens gesehen wird? ... Was sind Recht und Gesetz, wenn sie helfen und nicht hindern sollen? ... Was ist Besitz; sein Recht und sein Unrecht? ... Was ist echter Befehl, und wodurch wird er möglich? ... Was ist Gehorsam, und wie steht er in der Freiheit? ... Was bedeuten Gesundheit, Krankheit, Tod? Was Freundschaft und Kameradschaft? ... Wann darf das Hingezogensein zum Anderen den großen Namen der Liebe in Anspruch nehmen? ... Was meint jene Verbundenheit von Mann und Frau, die Ehe heißt? Die nachgerade so verwildert ist, daß nur Wenige überhaupt einen Begriff von ihr zu haben scheinen, obwohl sie doch das ganze menschliche Dasein trägt? ... Gibt es eine Rangordnung der Werte? Was ist darin das Wichtigste? Was weniger wichtig? Was gleichgültig? Und so fort.

Wir leben aus diesen Grundwirklichkeiten, für sie, mit ihnen; wir handhaben sie, ordnen sie, reformieren sie – wissen wir aber, was sie sind? Offenbar nicht, sonst könnten wir nicht so fahrlässig mit ihnen umgehen. Also müssen wir es lernen; und nicht nur rational, sondern so, daß wir vor ihr Wesen gelangen, von ihrem Sinn getroffen werden.

Aus: Die Macht, 1951, 114–116

52 Tragende Tugenden im Widerstand gegen das Chaos

Der Mensch steht wieder vor dem Chaos; und das ist um so furchtbarer, als die meisten es gar nicht sehen, weil überall wissenschaftlich gebildete Leute reden, Maschinen laufen und Behörden funktionieren. [...]
Die tragende Tugend wird vor allem der Ernst sein, der die Wahrheit will. Vielleicht dürfen wir in der Sachlichkeit, die ja in vielem zu spüren ist, eine Vorbereitung auf ihn sehen. Dieser Ernst will wissen, worum es wirklich geht, durch alles Gerede von Fortschritt und Naturerschließung hindurch und übernimmt die Verantwortung, welche die neue Situation ihm auferlegt.
Die zweite Tugend wird die Tapferkeit sein. Eine unpathetische, geistige, personale Tapferkeit, welche sich dem heraufdrohenden Chaos entgegenstellt. Sie muß reiner und stärker sein, als die vor Atombomben und Bakterienstreuern, denn sie hat den universellen Feind, das im Menschenwerk selbst aufsteigende Chaos zu bestehen – und hat, wie alle wirklich große Tapferkeit, die Vielen gegen sich, die Öffentlichkeit, die in Parolen und Organisationen verdichtete Unwahrheit.
Und ein Drittes muß hinzukommen: die Freiheit. Die innere Freiheit, vom Bann der Gewalt in all ihren Formen; von den Mächten der Suggestion in Propaganda, Presse, Rundfunk und Kino; vom Verlangen nach der Macht, ihrem Rausch und ihrer

Dämonie, die bis in die geistigen Bereiche wirken. Sie kann nur durch wirkliche Erziehung errungen werden, äußere und innere. Und durch Askese. Für die Neuzeit war Askese etwas, vor dem ihr ganzes Gefühl zurückscheute; ein Inbegriff alles dessen, von dem sie sich lösen wollte. Ebendadurch ist sie aber innerlich eingeschlafen, sich selbst verfallen. Der Mensch muß lernen, durch Überwindung und Entsagung Herr über sich selbst zu werden – und dadurch auch Herr zu werden über seine eigene Macht. Die so gewonnene Freiheit wird den Ernst auf die wirklichen Entscheidungen richten, während wir heute eine schier metaphysische Gravität an Lächerlichkeiten gewandt sehen. Sie wird den bloßen Mut zur wirklichen Tapferkeit machen, und die Schein-Heroismen entlarven, in denen der heutige Mensch, von Schein-Absolutheiten gebannt, sich opfern läßt. Aus alledem muß schließlich eine geistige Regierungskunst hervorgehen, in welcher Macht über die Macht ausgeübt wird. Sie unterscheidet Recht und Unrecht, Ziel und Mittel. Sie findet das Maß und schafft in den Anstrengungen der Arbeit und des Kampfes Raum für den Menschen, daß er in Würde und Freude leben könne. Das erst wird die eigentliche Macht sein.

Ich habe wohl deutlich machen können, daß hier kein Pessimismus verkündet werden soll. Besser gesagt, kein falscher Pessimismus, denn es gibt auch einen richtigen, und ohne ihn wird nichts Großes. Er ist die bittere Kraft, die das tapfere Herz und den schaffensfähigen Geist zum dauernden Werk befähigt.

Dieser sollte allerdings vertreten – und auf die eine und eigentliche Entscheidung sollte hingewiesen werden, die hinter den vielen Einzelentscheidungen liegt, wie sie sich überall aufdrängen. Ihre Möglichkeiten lauten: Untergang in einer inneren wie äußeren Zerstörung – oder aber eine neue Weltgestalt als Raum für eine ihres Sinnes bewußte und zukunftsfähige Menschlichkeit.

Aus: Das Ende der Neuzeit, 1950, 104–106

53 Die Fähigkeit zu lieben

Zum tiefsten Wesen des Menschen gehört die Fähigkeit, zu lieben. Bleiben wir bei ihrer elementarsten Form, der Liebe zwischen den Geschlechtern. Es ist ohne weiteres klar, daß die Liebe zwischen Mann und Weib etwas anderes ist als der Trieb zur Begattung und zur Fruchtbarkeit beim Tier. Was dieses treibt, ist die Notwendigkeit, die Art zu erhalten. Das zeigt sich daran, daß der Trieb zu bestimmten Zeiten einsetzt, nach Regeln verläuft und wieder erlischt, sobald der Zweck erfüllt ist. Im Zentrum des menschlichen Triebes hingegen steht die Person, die nicht naturhaft, sondern in Freiheit und Selbstverantwortung besteht. Sie löst den Trieb in weitgehendem Maße von den Notwendigkeiten der Natur. Dadurch entsteht die Möglichkeit einer Beherrschung, ebendamit eines Mißbrauchs, die dem Tier nicht offen ist; das aber, weil der Eros unter die Forderungen der Ehre und der personalen Entfaltung dessen tritt, der ihn lebt: dessen, auf den er sich richtet, und des Dritten, das aus ihm hervorgeht und nicht nur Individuum der Art, sondern eigenwertige Person ist, des Kindes. Der gleiche Antrieb wird aber auch im Werk wirksam, indem die Liebe zum weckenden und schaffenden Impuls wird. Sobald sie sich wirklich erfüllt, führt sie den Liebenden über seine Enge hinaus in eine Freiheit der Hingabe und Treue, die sie zu einer Grundkraft des menschlichen Daseins macht. Welche Möglichkeiten liegen in diesem Phänomen! Wenn wir aber mit einem Auge, das sehen will, in die Wirklichkeiten blicken – erfüllen sie sich darin? Wird die Person in Ehren gehalten? Findet das Physische im Geistigen, das Seelische im Sittlichen seine Erfüllung? Wird da, aufs Ganze gesehen, etwas wirklich Großes? Fragen wir konkret: Geschieht für die Regel die Liebesbegegnung dort, wo sie Chancen der Erfüllung hat? Ist sie richtig orientiert? Oder regiert der Zufall? Wird aus ihr, was aus ihr werden könnte, oder werden die Möglichkeiten sinnlos vergeudet? Werden die Menschen, die einander lieben, dadurch mehr? Wachsen und erfüllen sie sich? Entfaltet sich eine Ehe zu dem Reichtum, den sie haben könnte? Werden die Kräfte der

Liebe im Zusammenhang der menschlichen Gesellschaft zu jener schöpferischen Macht, die sie sein sollten, oder hängt sich nicht an sie ein solches Maß von Häßlichem und Niedrigem; kommt aus ihnen nicht oft ein solches Maß von Entehrung und Leid, daß man, ist es einmal vor die Augen gekommen, wünscht, man hätte es nie gesehen? Ist das alles in Ordnung? Oder ist nicht hier, im Kern des Menschlich-Lebendigen, eine Verwirrung eingetreten, die alles durchwirkt?

An solchen Phänomenen kann deutlich werden, was gemeint ist. Das Dasein ist nicht »in Ordnung«. Das aber nicht nur so, wie jedes Endliche unzulänglich ist, sondern in einer Weise, die nicht zu sein brauchte, nicht sein dürfte. Und in dem Maße ist unser Erkenntniswille echt und redlich, als wir das sehen.

Die Offenbarung sagt daher: Im Anfang der menschlichen Geschichte steht nicht der Übertritt aus einer voraufgehenden tieferen Lebensstufe, der tierischen, in eine höhere, nämlich die menschliche, sondern eine Tat, eine Entscheidung, die ins Sein gegangen ist, ein »Trauma« erzeugt hat, das im Gang aller Geschichte weiterwirkt, sich in jedem Menschen aufs neue geltend macht und in ihm zum Lebensproblem wird.

Aus: Die Existenz des Christen, 1976, 211 f.

54 Liebe als alltägliche Tugend (1 Kor 13)

Wir müssen eingestehen, daß wir überrascht, sogar ein wenig enttäuscht sind. Soll die Liebe, von der mit solchem Nachdruck gesprochen, und in welcher die sinngebende Macht von allem gesehen worden ist, nicht mehr sein als das? Was da von der Liebe gesagt wird: daß sie geduldig, gütig, neidlos, ohne Eitelkeit und Selbstüberhebung sei, sittsam, selbstlos, beherrscht, zur Vergebung bereit, ohne Freude am Bösen, aber fähig, sich am Guten mitzufreuen – sind das nicht ganz alltägliche Tugenden? Bei näherer Überlegung sehen wir aber, daß gerade hierin der

Sinn der ganzen Gedankenführung liegt. Die Charismen sind Erscheinungen einer religiösen Ungewöhnlichkeit, die vielleicht auch mit natürlicher Begabung, mit Genialität oder Heroismus zusammenhängt; ihr wird die Liebe als das Eigentliche gegenübergestellt, und zwar in der Gestalt schlichter Wahrheit, Güte und Treue des Lebens. Jenes Ungewöhnliche kann zum Bereich des bloßen Erlebnisses, der Phantasie, ja der Eitelkeit gehören und ebendamit ein »Nichts« sein, leer in sich selbst und ohne Kraft, die Wirklichkeit zu meistern. Ihm wird die Liebe entgegengestellt; und zwar in einer Form, die nichts von Begeisterung, Glut, Genialität an sich hat, dafür aber »Etwas« ist, Wirklichkeit. Wirklichkeit in sich selbst, weil rein im Wert und echt im Akt; und wirklichkeitsmächtig in der Welt, weil fähig, das Leben, wie es ist, zu meistern.

Die Liebe wird geradezu als die christliche Nüchternheit gezeigt. Eine Nüchternheit aber, die nichts mit Dürre des Herzens oder Enge des Geistes zu tun hat. Wenn sie den Charismen ihren Sinn gibt, muß sie selbst aus dem Herzen Gottes, aus dem Walten des Heiligen Geistes stammen. Sie muß Maß in der Fülle, »nüchterne Trunkenheit des Geistes« sein, wie der alte Hymnus sagt. Eine Haltung, die in ihrer klaren Beherrschtheit, ihrer Treue und Kraft über allen Vergleich größer, tiefer und reicher ist als alles Außergewöhnliche.

Aus: Drei Schriftauslegungen, 1949, 62 f.

55 Ehe: Gegen eine bourgeoise Vorstellung

Die christliche Ehe ist nichts nur Natürliches. Vor allem nicht nur naturhaft, denn sie ruht in der freien Verbindung zweier Personen. Wohl trägt sie der Trieb des Blutes, wie die Erde den Baum. Aber ihre andere und höhere Kraft kommt aus der Liebe und der Treue der beiden Persönlichkeiten. Und zwar aus der besonderen, ehelichen Liebe und Treue, die darauf gerichtet ist, Gemeinschaft zu halten für immer; ein Leben zu zweien zu führen, durch allen Wandel hindurch, durch Ereignisstunden wie durch den Alltag; einander zu tragen und zu ertragen; einander Gefährte zu sein in Kampf und Arbeit. Und darauf gerichtet, die Verantwortung zu übernehmen für das neue, wiederum persönliche Leben, das aus dieser Gemeinschaft entspringt.

Damit ist aber ihr Wesen nicht erschöpft. Sie ist nicht nur etwas Über-Naturhaftes, Personales, sondern auch etwas Über-Natürliches. Im letzten wird sie von der Gnade getragen. Paulus zeigt sie als ein »Geheimnis, aber in Christus und der Kirche«. In der Ehe steht keine nur weltliche bürgerliche Angelegenheit vor uns, sondern eine christliche. Wohl ist sie von tiefer Natürlichkeit; erfüllt sich doch und entspringt doch in ihr natürliches Menschenleben. Allein jene Kraft, jene Gestalt, die in dieser natürlichen Fülle wirkt, sie formt und vollendet, stammt selbst nicht von Natur. Sie setzt Natur voraus und vollendet sie; ist selbst aber von Wesen über-natürlich. Die Ehe kann nicht vom Natürlichen hergeleitet werden, sondern ist durch Christus, von Gott her, in die Welt getreten; ist Gnade »in Christus und der Kirche«. In der christlichen Ehe werden nicht nur individuelle und soziale Verhältnisse religös geweiht, sondern in diesen naturhaften wie personalen, individuellen und Gemeinschaftsvorgängen entfaltet sich eine übernatürliche, »geistliche« Wirklichkeit; wohl in der Welt, aber nicht von der Welt. Die Wirklichkeit widerspricht dem ja oft, und sehr oft scheint sie es für den oberflächlichen Blick zu tun. Wer aber gelernt hat, durch die Verknitterungen des Alltags hindurchzuschauen; wer sich ein wenig Skepsis bewahrt hat gegenüber der seit einigen Jahrzehnten üblichen Verachtung gegen die Ehe als einer bourgeoisen Sache, der sieht auch jene Kräfte und Haltungen, die nicht von dieser Welt sind. Freilich gehört Liebe dazu, sie zu sehen. Und keine Theorie und keine Leidenschaft dürfen blind machen.

Aus: Ehe und Jungfräulichkeit, 1926, 9f.

142

56 Mut

Dieses Ineinander von Sonderart und Weltbezug macht die Eigentümlichkeit des Menschen aus: er ist charakterisiert und allbezogen zugleich.

Mit dieser Spannung im Wesensbild des Menschen ist eine zweite verbunden: die zwischen Notwendigkeit und Freiheit. Er lebt in den Gesetzlichkeiten des Ganzen; trägt aber die Tiefe in sich, aus der er stets neuen Anfang verwirklichen kann.

So muß er, wenn er wirklichkeitsgerecht sein will, seine Eingeschränktheit, die Bestimmung durch die Charaktergestalt annehmen; ist aber, durch seine Freiheit im Weltbezug, fähig, auf ihrer Linie ins Ganze vorzudringen.

Das alles ist von Gott zugewiesen. Er hat mich mir selbst gegeben. Aus seiner Hand soll ich mein Dasein annehmen, es leben und bestehen. Das ist der Grund-Mut – und wie ist der heute nötig, da so viel vom Nichts, von Zerstörung, Angst, Ekel und dunklen Dingen aller Art geredet wird.

Zu einem großen Teil ist es ja nur Gerede, und die so sagen und schreiben, machen selbst keinen Ernst damit. Im übrigen ist aber unsere Zeit wirklich hart bedrängt, von außen und von innen; Übergang, in welchem Unabsehliches zerfällt – oft ohne daß man sieht, was Neues kommen soll. Daher doppelt notwendig, daß wir unser Dasein vertrauend aus Gottes Hand annehmen und es mutig leben.

Auf diese innere Gestalt des individuellen Seins und Lebens stützt sich auch eine Mut-Übung, die manchmal, wenn der Mensch von kräftiger, frischer Gemütsart ist, gar nicht besonders zu Bewußtsein kommen mag, manchmal aber auch als schwere Aufgabe empfunden wird: nämlich die Zuversicht, in die eigene Zukunft voranzuleben, zu handeln, zu bauen, Bindungen einzugehen. Denn Zukunft ist ja trotz Voraussicht im Einzelnen das Unbekannte. Leben aber heißt, in dieses Unbekannte voranzugehen, und es kann vor dem Menschen wie ein Chaos liegen, in das er sich hineinwagen soll.

Hier muß jeder es daraufhin wagen, daß das auf ihn Zukommende kein Chaos und auch kein einfachhin Fremdes ist. Vielmehr werde die eigene Wesensart, die ordnende Macht im eigenen Innern einen Weg bahnen, so daß es im Letzten doch seine eigene Zukunft sein werde, der er entgegengeht.

Das bildet ja auch die natürliche Grundlage für die Botschaft Christi von der Vorsehung, in der jeder Mensch steht. Dafür also, daß die Zukunft in all ihrer Unbekanntheit doch nicht fremd, gar feindlich, sondern von Gott ihm zugedacht; daß das Dasein in all seiner Unübersehbarkeit doch kein Chaos ist, sondern durch Gottes Hand ihm zugeordnet.

Das zu glauben und daraufhin zu leben, kann für einen Menschen, der von zögernder, vielleicht ängstlicher Art ist, sehr schwer werden. Aber hier geht der Mut zum Leben mit dem Vertrauen auf Gottes Führung zusammen. Und noch etwas anderes ist zu bedenken, das besonders in Zeiten dringlich wird, in denen geschichtliche Epochen enden und neue beginnen, nämlich das Verhältnis zur Zukunft im Großen, zum Gang der Geschichte. Das Leben des Einzelnen läuft ja in der Geschichte nicht wie in einem neutralen Strombett, sondern es bildet einen Teil davon. Manchmal ist dieser Einzelne mit dem Gewesenen so eng verbunden, daß ihm das Kommende ganz fremd ist. Dann entsteht das Leben des Menschen, der der Zukunft nicht traut und sich in die Vergangenheit zurückflüchtet; dem das Gewesene so sinngesättigt, dessen Formen so schön sind, daß alles Neue ihn abstößt.

Auch hier ist Mut nötig; der Mut, der es mit der Zukunft wagt, im Vertrauen, daß Gottes Führung sich darin auswirkt. Dieser Mut nimmt das Kommende an, sieht in ihm die eigene Aufgabe und stellt sich hinein. Das kann sehr schwer werden, nur durch einen echten Gehorsam gegen die Zuweisung Dessen zu leisten, der die Geschichte führt.

Aus: Tugenden 1963, 114–116

57 Gerechtigkeit

Warum ist Der so geartet und Jener so? Warum Dieser gesund und der Andere krank? Warum kommt Der hier aus geordneter Familie, und Der dort aus zerrütteter? Und so fort durch all die Ungleichheiten, die sich überall aufdrängen. Ihre Wurzeln erfassen wir nicht; überlegen wir uns lieber, was im Täglichen möglich wäre.

Da ist zum Beispiel die so elementare Frage, ob wir dem Anderen das Recht zugestehen, zu sein, wie er ist. Wenn wir uns darauf besinnen, sehen wir bald, daß wir das für gewöhnlich durchaus nicht tun; ihm vielmehr durch Abneigung, Unfreundlichkeit, Parteilichkeit aus seiner Art einen Vorwurf machen. Er hat aber doch von Existenz wegen das Recht, zu sein, wie er ist; also sollen wir es auch zugestehen. Und nicht nur theoretisch, sondern in unserer Gesinnung und unseren Gedanken; im täglichen Verhalten und Tun. Und das vor allem in unserem nächsten Umkreis: der Familie, der Freundschaft, des Berufes. Das wäre Gerechtigkeit, die den Anderen von ihm selbst her versteht und sich entsprechend verhält. Statt dessen betonen wir die Ungerechtigkeit des Daseins, indem wir die Unterschiede durch unser Urteilen und Handeln verschärfen und vergiften.

Wenn es aber schon in dem kleinen Kreis so ist, den wir beeinflussen können – wie soll es dann in dem großen der Welt anders werden? Jeder sollte sich sagen: Die Geschichte der Völker geht so, wie die Dinge bei mir zu Hause gehen. Der Staat ist so, wie ich meinen kleinen Wirkungsbereich ordne. Alle Kritik sollte bei uns zu Hause anfangen, und zwar mit der Absicht, die Dinge zu bessern. Dann würden wir bald sehen, wie vieles da verkehrt geht, weil wir dem Anderen nicht erlauben, der zu sein, der er ist, und ihm dafür nicht den Raum geben, dessen er bedarf.

Kommen denn aber die Dinge nie in Ordnung? Wenn wir die Wunschträume wegtun, müssen wir antworten: Im Lauf der Geschichte offenbar nicht. Was bewirken denn all die Versuche, Gerechtigkeit auf Erden zu schaffen, wenn wir einmal nicht

Ideologien und Parteiprogramme, sondern die Wirklichkeit, und zwar die ganze Wirklichkeit ins Auge fassen?

Blicken wir doch in die Gegenwart. Nehmen wir an, es gehe den heute Lebenden und Kämpfenden wirklich darum, Gerechtigkeit zu schaffen. Richtige Ordnung des Gesamtlebens, also gute Ernährung für jeden, gemäße Arbeitsverhältnisse für alle, Möglichkeiten der Bildung ohne Vorrechte, und so fort. Dann wäre schon viel gewonnen. Wie sehr ist aber in Wahrheit alles mit dem Streben nach Macht und persönlichem Rechthaben durchsetzt! Wieviel Unrecht kommt hinein, wieviel Lüge, ja wieviel Verbrechen! Wie werden die Menschen nach Millionen zertreten, damit die angeblich richtige Form der Wirtschaft, der Sozialordnung, der Regierung – also Gerechtigkeit werde! Und nehmen wir selbst an, in alledem geschehe wirklich ein Schritt nach vorwärts – wird damit das Furchtbare, wodurch es herbeigeführt wurde, weggetan, zu Null gemacht? Oder ist es im Zusammenhang des Lebens noch da und vergiftet das Erreichte?

So viel ist einer des Menschennamens wert, als er sich da, wo er steht, um die Gerechtigkeit bemüht; aber im Ganzen, als das, was sie sein sollte, als Zustand des Daseins und Haltung der Menschheit, wird sie offenbar nie erreicht. Und hier darf uns der heute zum Dogma gewordene Gedanke des »Fortschritts« – gar der einer Entwicklung des Menschen über sich selbst hinaus zu immer höheren Stufen – nicht irre machen. Persönliche Erfahrung wie Geschichte reden anders. Auf dem Grunde des Menschen wirkt eine Verwirrung, die in jedem Geborenen neu zur Geltung kommt.

Erst von Gott her wird wirkliche und volle Gerechtigkeit werden, durch das Gericht. Wir sollten uns die Offenbarung, daß dieses Gericht über alles Menschliche ergehen wird, sehr nahekommen lassen. Das Erste, was jeder denken soll, wenn er ans Gericht denkt, lautet: Es wird Gericht sein über mich! Dann aber auch über alle jene Formen und Größen des Menschlichen, vor denen wir so leicht das Gefühl bekommen, sie seien souveräne, keiner Prüfung unterworfene Mächte: den Staat, die Kultur, die Geschichte.

Das Gericht gehört zu allem Sein und Tun hinzu. Es ist Gottes Urteil über jede endliche Wirklichkeit. Ohne es hängt alles mit halbem Sinn im Leeren. Gott erst bestimmt es – Er, der alles durchschaut, nichts fürchtend, durch nichts gebunden, gerecht in ewiger Wahrheit. Wer nicht an Ihn glaubt, dem wird jener Hunger und Durst nie gestillt.

Aus: Tugenden, 1963, 64–66

58 Christliches Besitzen und Armsein

Jenes Reichsein, worüber hier das Urteil gesprochen wird, bedeutet nicht das viele Geld gegenüber dem wenigen, oder den großen Grundbesitz gegenüber dem kleinen Acker, sondern jeden Besitz. Die Tatsache des Besitzens überhaupt ist das Reichsein; und die Jünger erschrecken, weil sie mit im Spiel sind, wenn's auch nur ein Fischerboot und ein Häuschen ist, was sie haben. Das Haben überhaupt, selber und für sich – darauf kommt es hier an. Und nun sagt Jesus: Nur aus der Kraft Gottes, aus der freimachenden, Großmut schenkenden Liebe Gottes heraus kann man alles weggeben, aus einem »Reichen« ein »Armer« werden. Das liegt auf der Hand, obwohl auch dazu noch etwas gesagt werden muß. In der rechten Weise aber, nach Gerechtigkeit und Nächstenliebe zu besitzen; etwas zu haben, ohne im Sinne der Schrift »reich« zu sein, kann man nur aus der gleichen Gotteskraft heraus, die fähig macht, alles wegzugeben. An sich »ist's unmöglich«. An sich bindet das Geld, Mark wie Million. An sich fesselt der Besitz das Herz, der arme Acker wie das große Gut. Es ist aber ein Zeichen der unendlichen Gnadenmacht Gottes, daß sie den in der Einflußsphäre der Dinge lebenden Menschen zu einem christlich Besitzenden zu machen vermag, der in das Reich Gottes eingeht... Wir sahen: Die Ehe christlich zu führen, als unlösliche Vereinigung zweier Menschen, als Gemeinschaft des Leibes und des Geistes durch das ganze Leben hindurch, ist nur aus der gleichen Kraft möglich, mit welcher der Gerufene sich von aller Gemeinschaft löst und sein Herz ausschließlich auf Gott sammelt. Ebenso hier: Christlich zu besitzen ist nur möglich aus der gleichen Kraft, mit welcher die christliche Armut gelebt wird. Denn auch der Besitz soll zur Freiheit werden. Das Ziel hat Paulus mit seinem oft angeführten Wort bezeichnet: dahin zu kommen, daß man besitze, »als besäße man nicht«. (1 Kor. 7, 29–31) Das ist, sobald man sich nichts vormacht, sehr groß und schwer. Von der Bindung der Dinge unabhängig zu werden; wirklich frei von Begehren, Genußsucht, Angst, Neid, Geiz; was man hat, zu haben aus Gottes Hand und es zu gebrauchen, wie Er will – das ist, klar herausgesagt, unmöglich. Möglich wird es nur von Gott her. Man sollte mit dem Pauluswort nicht umgehen, als ob es ein selbstverständlich zu erreichender höherer Grad von Sittlichkeit wäre. Es steht in der gleichen Sphäre menschlicher Unerreichbarkeit, wie das vom christlichen Armsein – wie alles das, was die Seligpreisungen rühmen. Ja, man muß die Frage umkehren: Ist nur das Besitzen christlich gefährlich? Ganz gewiß nicht, sondern auch der Mangel. Denn hier wird von der christlichen Armut gesprochen, die um des Reiches Gottes willen und aus der Freiheit des Herzens geübt wird, nicht einfach vom Nichthaben. Bloßes Entbehren, bloße Einschränkung oder Ertötung der Bedürfnisse kann innerlich veröden. Es kann auch hochmütig machen; einen neuen, besonderen Pharisäismus erzeugen, dem man wünscht, er hätte sich lieber in Erwerb und Besitz gestellt und dort redlich seine Pflicht erfüllt. Ebenso wie es Menschen gibt, welche auf die Ehe verzichten, aber innerlich vertrocknen; hart und überheblich – ja vielleicht, wenn sie ihre Begierden nur unterdrücken, nicht in die Freiheit des echten Opfers heben, zu Heuchlern, zu Gewalttätigen gegen sich und andere, zu Feinden des Lebens werden. Ihnen gilt das Wort des heiligen Paulus: »Besser heiraten als Glut leiden.« (1 Kor. 7,9) Wie stehen aber die beiden Ordnungen im Wert? Wir haben die Frage im voraufgehenden Kapitel kurz gestreift und wollen sie nun genauer ins Auge fassen.

Wer sie wirklich vor sich kommen läßt und weder durch persönliches Ressentiment, noch durch jenen Einfluß bestimmt wird, der von der Reformation und dann wieder vom Naturalismus der Neuzeit ausgeht, hat die Antwort bald: Die Ordnung des Rates steht höher. Nicht, weil die andere böse wäre, sondern weil es schon für den unverbildeten Blick ohne weiteres klar ist, daß der ungemeine Wert höher steht als der regelmäßige; das Leben, welches um des Höchsten willen alles einsetzt, höher als jenes, worin die verschiedenen Gesichtspunkte zu ihrem Recht kommen. Es gehört zur Sauberkeit des Gefühls, das anzuerkennen, auch wenn man selbst nicht fähig ist, so zu leben. Lieber nicht zum Höheren gehören, als dieses auf das eigne Maß herunterziehen.

Damit ist aber nicht im Geringsten gesagt, daß der Mensch, der in der Ordnung des Rates lebt, dadurch auch nach Gesinnung und lebendigem Sein höher stehe als der Andere. Dieser Rang hängt nur von der Lauterkeit seines Herzens und der Überwindungskraft seines Willens ab. In der Ordnung des Rates kann einer eng, kalt, hochmütig, gewalttätig; in der Ordnung der Regel kann er weit, warmherzig, demütig, ehrfürchtig, vornehm werden. Was wir sagten, gilt von der Ordnung an sich, nicht von der Gesinnung des Menschen, der in ihr lebt. Über diese gibt es kein allgemeines Urteil.

Aus: Der Herr, 1937, 381–383

59 Wer sind »die Heiligen«?

Wenn wir heute das Wort »die Heiligen« brauchen, dann geschieht es in einem andern Sinn, als bei dem Manne, der es zum erstenmal gebraucht hat: Paulus. Die Heiligen sind für ihn jene, die an Jesus Christus glauben, durch die Taufe in das von Ihm gebrachte Neue Leben wiedergeboren und durch die Nachfolge mit Ihm verbunden sind.

Das christliche Dasein ist ein Geheimnis. Alle Paulusbriefe

zeugen davon. Es hat eine Dimension mehr als das Dasein der Welt – nein, in ihm ist, das Weltliche umwerfend und neu schaffend, die Macht Christus' des Herrn, der starb und auferstand und nun in geistlicher Wirklichkeit lebt; der den geschichtlichen Raum verließ, da er zum Himmel einging, aber eben damit »wiederkam« und in den neuen, von Ihm geschaffenen Raum der christlichen Innerlichkeit eintrat. Wo das Geschöpf an das Nichts grenzt und die Hand des schaffenden Gottes es im Sein hält; wo die Hand des neuschaffenden Gottes die der Sünde und dem Tode verfallene Kreatur ergreift, um aus ihr den neuen Menschen zu bilden, dort ist die christliche Innerlichkeit. Sie ist jenes »In«, das es nicht für sich gibt, sondern nur durch Christus, an Ihm, mit Bezug auf Ihn. Jenes »In«, welches die Zugewendetheit der erlösenden Liebe des Gottmenschen ist. Dort steht Christus, als wirkende Gestalt, als umformende Macht. Der Inhalt dieses Wirkens aber ist, »daß Christus gebildet werde in uns«, daß der Glaubende »heranwachse zum Vollalter Christi«; daß »er lebe, aber nicht er, sondern Christus lebe in ihm« – und wie die mächtigen und seligen Worte lauten, mit denen Paulus das Geheimnis des christlichen Daseins deutet, wonach Christi, des Gottmenschen liebendes Verlangen danach geht, in den Menschen seine unendliche Fülle zu offenbaren; der Erlöste aber ebendarin vor Gott er selbst wird, daß Christus in ihm lebt. Dieses Geheimnis, geboren in der Taufe, wachsend und sich entfaltend im Fortgang des glaubenden und liebenden Lebens, bildet den Heiligen im paulinischen Sinne.

Die erste Zeit, durch welche noch der Ausbruch der Pfingsten seine Wellen warf, ging vorüber, und allmählich veränderte das Wort seinen Sinn. Nicht, daß die Menschen böser geworden wären; die erste Zeit war auch nicht in allem »gut« – siehe die Apostelgeschichte und die Briefe an die Korinther. Aber sie trug das Bewußtsein des Neuen, des Herausgerufenseins und Angefangenhabens in sich. Allmählich aber wurde das Christsein offiziell. Es nahm den Charakter der normalen Lebensform an. Da verlor sich das Bewußtsein, daß das Christsein als solches heilig sei – in Begriffen, wie dem der heilig-machenden Gnade lebt es noch fort – und die Vorstellung entstand, heilig sei der Mensch, in welchem jenes Neue, Andere, von oben Kommende entscheidend zum Durchbruch gelangt, ja den Charakter des Außergewöhnlichen annimmt. Heilig ist für das unwillkürliche Empfinden nun nicht so sehr das christliche Dasein selbst und als solches, die Gottesfamilie, die Gemeinde, die Kirche und der gläubig in ihr Lebende, als vielmehr der herausgerufene Einzelne, der aus ungewöhnlicher Begnadung und heroischem Wagnis das offenkundig ist, was die Vielen nicht mehr zu sein scheinen. Das aufrüttelnde Zeugnis für das Leben aus Christus; der Vorstoß dieses Lebens in die Welt hinein, auch in die christliche Welt, die es mit ihrer Durchschnittlichkeit zu verleugnen scheint – das ist nun mit dem Wort »der Heilige« gemeint.

Dieser Heilige ist nicht gleichbedeutend mit dem religiösen Genie. Er ist nicht der ungewöhnlich begabte *homo religiosus,* sondern der unbedingt Gott Liebende. Der, in dessen Dasein das »ich lebe, aber nicht ich, sondern Christus lebt in mir« zur heroischen Form gelangt.

Allerdings, er ist auch ein religiöses Genie. Die religiöse Begabung, welche die lebendigste und zugleich problematischste der menschlichen Möglichkeiten darstellt, hat bei ihm eine ungewöhnliche Intensität und schöpferische Kraft. Ich weiß nicht, ob man sagen kann, das sei bei allen der Fall; vielleicht gibt es auch eine Heiligkeitsform, die sich gerade in der Durchschnittlichkeit der religiösen Begabung entwickelt. Jene, welche die Kirche mit ausdrücklicher Bezeichnung Heilige nennt, durch die Kanonisation als besonderer Verehrung würdig und für das christliche Dasein vorbildlich erklärt, scheinen jedenfalls jene Genialität des religiösen Empfindens, Erlebens, Schauens, Wege-Suchens, Wagens und Schaffens zu besitzen, welche sie auch schon für den Blick natürlicher Menschenschätzung so bedeutungsvoll macht. Das alles aber ist erst nur Stoff; das Eigentliche, die Seele, der Sinn der Existenz des Heiligen ist die Unbedingtheit der Christusherrschaft in ihm.

Es ist aber auch wirklich Stoff; bildbare Substanz, die sich mit liebender Bereitschaft, mit reinem Gehorsam der neuen Schöpfung in die Hände gibt. Daraus kommt etwas ganz Großes: sie offenbaren von nun an für Alle gültige Möglichkeiten christlichen Existierens.

Aus dem Nachwort zu: Der Bericht über das Leben des heiligen Franz von Assisi (1934), [3]1981, 245–249

60 Augustinus: Der Eros und das Herz

Ethisches Tun bedeutet, daß »die Idee in Bewegung kommt« und ins Sein dringt. Damit kommen wir zu etwas Weiterem: Das Wahre und das Gute sind nicht nur »Norm«, sondern auch »Wert«.

Setzen wir als Oberbegriff den des Gültigen, so ist »Norm« jene Seite des Gültigen, wodurch es die Person bindet. Nicht durch Zwang – dadurch unterscheidet sich das Gültige vom Machthaften – sondern durch die Sinn-Majestät des Geltens selbst, welche sich vor der Freiheit der Selbstbestimmung als Anspruch aufrichtet. Die Freiheit fühlt sich durch die Norm verpflichtet, ob sie sich nun in den Gehorsam oder in die Auflehnung wendet. »Wert« hingegen ist jene Seite des Gültigen, wodurch es der Person kostbar erscheint. Wiederum nicht durch Zwang, sondern durch die innere Herrlichkeit des Geltens selbst, welche sich ebenfalls an ein zugeordnetes Organ im Personalen, nennen wir es die Freiheit der Schätzung, wendet. »Norm« hat etwas Statisches, das Wort groß genommen, als das Ewig-Rechte, Unveränderlich-Ragende. Das Verhältnis zu ihm ruht auf Abstand, und sein Sinn ist, daß die Hoheit des Rechten im Gewissen zur Geltung komme. »Wert« hat etwas Dynamisches. Er ist Sinn-Schwingung, Kostbarkeits-Wärme. Darum weckt er Bewegung, Sehnsucht, Streben zur Einheit. Norm ruft zum Gehorsam; Wert zur Schätzung und Teilhabe.

Zu jenen Auseinanderreißungen der Neuzeit, von denen die Rede war, gehört auch, daß Norm und Wert, Gehorsam und Schätzung getrennt wurden. So entstand auf der einen Seite das bloße

Sollen, die reine Pflicht, die Norm-Gerechtigkeit um ihrer selbst willen – auf der andern das Streben ins Amoralische; das Ethos des Starken, Echten, Edlen. Ein Gegensatz, der in Nietzsches Protest gegen Kant beispielhaft zur Darstellung kommt.

Für das, was wir die »Schätzung« nannten, muß nun sein rechtmäßiger Name eingesetzt werden: der Eros.

»Gewissen« und »Eros« sollen jene beiden Grundformen der Anrufbarkeit heißen, die im Subjekt den beiden Grundformen der Gültigkeit, der »Norm« und dem »Wert« entsprechen. Im lebendigen Menschen sind sie eins. Für ihre Einheit scheint es aber keinen einleuchtenden Namen zu geben. »Gewissen« bedeutet, daß das Innere die Forderung der Norm in ihrem Recht empfinden kann und soll. »Eros« bedeutet, daß der lebendige Wesensgrund auf den Wert hingeordnet ist; seine Bereitschaft, auf die Kostbarkeitsschwingung des Seins mit der Erregung des Schätzens und dem Streben zur Teilhabe zu antworten.

Als Organ und Bereich des menschlichen Ganzen heißt die auf den Wert antwortende Innerlichkeit »Herz«. Damit ist nicht das Gefühlsleben im Gegensatz zum Geiste gemeint. Herz ist selbst Geist; aber wertschätzender, im Unterschied zum norm-gehorchenden. Vom Wert her erregbarer und auf den Wert hin bewegbarer Geist. Geist als Erosträger. [...]

Augustinus wird in der christlichen Kunst mit dem Herzen in der Hand dargestellt. Das zeichnet wirklich sein Wesen. Er hat nicht nur selbst geliebt und sein Leben unter die Macht der Liebe gestellt; er hat auch nicht nur die Liebe als bestimmendes Element des Daseins überhaupt und des christlichen im besonderen zu erfassen gesucht – er hat vielmehr aus der Herzsphäre heraus gedacht, und ein Bild vom Dasein geschaffen, das nur von ihr aus verstanden werden kann.

Das Wesen dieser Sinnesart ist nicht leicht darzustellen. Ich hoffe es an jener Gestalt der abendländischen Geschichte zu tun, die es mit einzigartiger Kraft und Klarheit offenbart, an Dante. Doch möchte ich hier mit Bezug auf Augustinus einen Umriß versuchen.

Zu dieser Wesensart gehört vor allem die Neigung, ein Element des Daseins auf das andere hin zu bestimmen. Wir haben schon gesehen, wie für Augustinus der Leib sein Leben, seinen Sinn, seine Bestimmung aus der geistigen Seele erhält. Diese wiederum erhält sie aus Gott, welcher der Heilig-Geistliche ist. Der Einzelne steht in der Gemeinschaft, im *corpus*, und ist so als »Glied« bestimmt, das sich in der Ganzheit erfüllt; diese wiederum ist dadurch charakterisiert, daß die sie bildenden Einzelnen, jeder von ihnen, sprechen können: »Gott und meine Seele, sonst nichts.« Der Sinn des Daseins liegt in der *»beatitudo«*. Diese, als Aneignung des Kostbaren, des Wertes, empfängt ihren Ernst, ihre Würde davon, daß sie unter der Pflicht der Wahrheit mit ihrer gegenständlichen Strenge steht. Die Wahrheit wiederum als Wesensgesetz und Sinngestalt wird vom Wert her charakterisiert; davon, daß sie lebenerfüllende Kostbarkeit ist . . . Diese Beziehungen ließen sich häufen. Immer steht das einzelne Element im »Auf-hin« und »Von-her«. Es ist über sich hinaus auf das Andere bezogen; aber so, daß es ebendarin zu seinem vollen Sondersein gelangt. So vollzieht sich in Augustins Welt ein beständiges Überschreiten des Vorläufig-Eigenen auf das Andere hin, in welchem Hinübergang aber das Eigentlich-Eigene erreicht wird, das kein einfach Gegebenes, sondern Frucht dialektischer Bewegung ist. [. . .]

Dieses beständige Sich-Aufmachen, Sich-Überschreiten, Hinübergehen, Beim-Andern-Anlangen und ebendarin Sich-selbst-Finden setzt aber eines voraus: eine ursprüngliche Vertrautheit alles Seins; eine unter aller Fremdheit, unter allem Widerspruch, ja selbst noch unter allem Nicht-sein-Sollenden hingehende Einstimmung. Das ganze Dasein kommt von Gott; ist von seiner Abbildlichkeit durchwaltet; von seiner Liebe durchwirkt. So ist das Dasein nirgendwo in ein absolutes Draußen preisgegeben, sondern steht, als Ganzes, in einer objektiven Innerlichkeit. Es ist von einem Sinn- und Liebesraum umfangen. Dieser Raum ist »Herz« in einem objektiven Sinne, als Hut des Daseins, als Charakter der Welt, und führt zum Begriff des »Herzens Gottes«, aus dem alle Schöpfung hervorgeht und in dem alles Geschaffene bewahrt bleibt. Das ist jenes Gewaltige und Selige zugleich, das sich in der Geschichte der Offenbarung schnittweise enthüllt und in der Vaterschaft Gottes, in Kindschaft und Vorsehung seinen entscheidenden Ausdruck erhält.

Das Herz im Menschen aber ist jener Raum, jene Gestimmtheit, jene Innigkeit, die auf dieses alles antwortet.

Das Andere, welches die Bewegung, von der die Rede war, sucht, steht aber nicht nur »drüben«, sondern auch »drinnen«. So gewinnt die Bewegung den Charakter der Durchdringung. Der Geist ist im Körper, nicht nur über ihm; der Körper ist im Geist, nicht nur unter ihm oder als die Stelle von dessen Ansiedlung und Wirksamkeit. Dieses »In« aber bedeutet etwas Eigenes; ein drittes über die beiden bezogenen Momente hinaus: der Körper ist Leib, und der Geist ist Seele. Die Idee ist im Ding; das Ding hat teil an der Idee; dadurch ist das Ding im Ewigen beheimatet, und die Idee hat Geschichte. Wahrheit und Wert durchdringen einander; darin wird die Wahrheit glühend und der Wert hell.

Auch hier ist Bewegung, aber eine solche der Innerlichkeit. Es ist die Innigkeit des Daseins. Das Schwingende, Eindringende am Sein, die Kostbarkeitsdimension der Wahrheit, die Lichtfreiheit des Wertes – aber auch das, was im Menschen darauf bezogen ist: die innere Berührbarkeit dafür, die selige und schmerzliche Tiefe des Erfahrens, und eben das ist das Herz.

Einen Ausdruck von großer Kühnheit findet der Bewegungscharakter des Daseins darin, daß das Wirklichsein selbst in Bewegung steht. Es gibt ein Mehr und Weniger an Wirklichkeit. Das Maß dafür aber liegt in dem Rang des in dem betreffenden Seienden verwirklichten Wertes und in dem Grade, in welchem dieser Wert verwirklicht ist. So ist das Seiende in seinem Wirklichsein unterwegs, steigt und sinkt. Hier ist eine Bewegung, die sich im Sein selbst vollzieht, von Grad zu Grad der Wirklichkeit bzw. des Scheins. Aber auch sie nicht kalt, auf Grund bloßer Maße und Gesetze, sondern auf den Wert und seine ontische Wärme bezogen, und deshalb das Herz berührend. Das ist das tiefste Leben des Herzens: zuinnerst um diese Bewegung des Seins, um dieses Pulsen, Steigen und Fallen der Wirklichkeit zu wissen, das vom Guten, von der Vollbringung des Wertes abhängt; sich darum zu sorgen, das Glück und die Not zu fühlen, welche daraus aufsteigen. [. . .]

Vielleicht kann man das Gemeinte auch so ausdrücken: Im Raum des Herzens – des erlösten, rein und frei gewordenen – ist die harte Ausschließung der Sätze von der Identität und vom Widerspruch aufgehoben. Das kalte Eingeschlossensein des Selbst ins Nur-Selbst; das dürre Entweder-Oder zwischen dem Selbst und dem Andern, richtiger zwischen dem Ich und dem Du ist hier überwunden. Nicht durch Vermischung oder Unklarheit; nicht durch Zauberei oder Trug, sondern durch das schöpferische Geheimnis jenes Lebens, das sich im Dasein Christi, des menschgewordenen Gottes, und in seinem Liebesverhalten zu uns offenbart.

Aus: Die Bekehrung des heiligen Aurelius Augustinus (1935), 1950, 77–84

Quellenverzeichnis

Die Texte wurden mit freundlicher Genehmigung der Katholischen Akademie in München und der Verlage übernommen aus:

1: Vom lebendigen Gott. Geistliches Wort, Matthias-Grünewald-Verlag, Mainz 1930.

2: Vom Wesen katholischer Weltanschauung. Nachwort von Heinrich Fries, Hess Verlag, Basel 1953.

3: Stationen und Rückblicke, Werkbund Verlag, Würzburg 1965.

4: Die Existenz des Christen. Herausgegeben aus dem Nachlaß, Verlag Ferdinand Schöningh, München/Paderborn/Wien 1976.

5: Der Glaube in unserer Zeit, Werkbund Verlag, Würzburg 1961.

6: Wie Nr. 4.

7: Theologische Briefe an einen Freund. Einsichten an der Grenze des Lebens. Herausgegeben aus dem Nachlaß, Verlag Ferdinand Schöningh, München/Paderborn/Wien 1976.

8: Wie Nr. 3.

9: Sorge um den Menschen, Werkbund-Verlag Würzburg 1962.

10: Wie Nr. 9.

11: Wie Nr. 5.

12: Der unvollständige Mensch und die Macht, Werkbund Verlag, Würzburg 1956.

13: Auf dem Wege. Versuche, Matthias-Grünewald-Verlag, Mainz 1923.

14: Religiöse Gestalten in Dostojewskijs Werk. Studien über den Glauben, Kösel-Verlag, München 1964.

15: Briefe vom Comer See, Matthias-Grünewald-Verlag, Mainz 1927.

16: Wie Nr. 15.

17: Wie Nr. 15.

18: Briefe über Selbstbildung. Bearbeitet von Ingeborg Klimmer, Matthias-Grünewald-Verlag, Mainz 1930.

19: Das Ende der Neuzeit, Hess Verlag, Basel 1950.

20: Wie Nr. 4.

21: Verantwortung. Gedanken zur jüdischen Frage. Eine Universitätsrede, Kösel-Verlag, München 1954.

22: Wie Nr. 21.

23: Wie Nr. 21.

24: Wie Nr. 14.

25: Liturgische Bildung. Versuche, Verlag Deutsches Quickbornhaus, Burg Rothenfels a. M. 1923.

26: Unterscheidung des Christlichen. Gesammelte Studien 1923–1963, Matthias-Grünewald-Verlag, Mainz 1963.

27: Wie Nr. 15.

28: Wie Nr. 12.

29: Die Verantwortung der Universität. Drei Vorträge von Romano Guardini/Walter Dirks/Max Horkheimer, Werkbund-Verlag, Würzburg 1954.

30: Wie Nr. 26.

31: Die Kultur als Werk und Gefährdung, Werkbund-Verlag, Würzburg 1957.

32: Wie Nr. 9.

33: Die Lebensalter und die Philosophie. Aus einer Ethikvorlesung, Werkbund-Verlag, Würzburg 1955.

34: Christliches Bewußtsein. Versuche über Pascal (1934), Kösel-Verlag, München 1950.

35: Wie Nr. 19.

36: Nur wer Gott kennt, kennt den Menschen. Vortrag zu Beginn der Arbeitstagung des 75. Katholikentages in Berlin 1952, Werkbund-Verlag, Würzburg 1952.

37: Wie Nr. 26.

38: Der Herr. Betrachtungen über die Person und das Leben Jesu Christi, Werkbund-Verlag Würzburg 1937, © by Verlag Ferdinand Schöningh, Paderborn.

39: Wie Nr. 18.

40: Die Macht. Versuch einer Wegweisung, Werkbund-Verlag, Würzburg 1951.

41: Welt und Person. Versuche zur christlichen Lehre vom Menschen, Werkbund-Verlag, Würzburg 1939.

42: Wie Nr. 14.

43: Der Bericht über das Leben des heiligen Franz von Assisi oder Der Spiegel der Vollkommenheit. Mit einem Nachwort von Romano Guardini (1934) Kösel-Verlag, München [3]1981.

44: Wille und Wahrheit. Geistliche Übungen, Matthias-Grünewald-Verlag, Mainz 1937.

45: Wie Nr. 4.

46: Wie Nr. 4.

47: Wie Nr. 4.

48: Der Dienst am Nächsten in Gefahr, Werkbund-Verlag, Würzburg 1956, © by Verlag Ferdinand Schöningh, Paderborn.

49: Hölderlin. Weltbild und Frömmigkeit, Kösel-Verlag, München 1955.

50: Wie Nr. 40

51: Wie Nr. 40.

52: Wie Nr. 19.

53: Wie Nr. 4.

54: Drei Schriftauslegungen. Im Anfang war das Wort, Joh. 1,1–18. Das Harren der Schöpfung, Röm 8,12–39. Die Christliche Liebe, 1 Kor 13, Werkbund-Verlag, Würzburg 1949.

55: Ehe und Jungfräulichkeit, Matthias-Grünewald-Verlag, Mainz 1926.

56: Tugenden. Meditationen über Gestalten sittlichen Lebens, Werkbund-Verlag, Würzburg 1963.

57: Wie Nr. 56.

58: Wie Nr. 38.

59: Wie Nr. 43.

60: Die Bekehrung des heiligen Aurelius Augustinus (1935), Kösel-Verlag, München 1950.